2年生のクラスをまとめる51のコツ

Ajimine Takayuki
安次嶺隆幸

東洋館出版社

はじめに

小学校生活で子どもが一番のびのびと自己を改革し、変容させる学年、それが2年生です。言い換えるならば、「子どもの成長の伸びしろの土台ができあがる学年」ということ。教師はそれを頭に留めながら、子どもたちの前に立ってみてください。

では、2年生の担任に任命されたら何をしたらいいのでしょうか。

まずは、広い畑の土台づくりをイメージしてみましょう。「2年生のこの土地になるべく広大な土壌づくりをしていく」。これが1学期の担任の仕事となります。

次に、それぞれの子どもの土地づくりをしながらも、「真ん中にみんなの広場を設定していく」作業が2学期になります。何かの行事があったとき、問題が起こったときなど、クラスのみんなで決めていく約束事は、いつもこの広場に集まるイメージです。

そして、真ん中の広場の周囲に広がる「子どもたちが持っている土地に種を蒔く」作業が3学期になります。

どんな芽が出てくるか、どんな高さの茎に成長するか、そしてどんな花が咲くかは次の学年以降に委ねます。大きな期待と、ちょっぴりの不安を抱きながら来年の3月には、3年生として子どもたちの背中を見守り、お別れしていくことが2年生担任の仕事になるわけです。

拙著『1年生のクラスをまとめる51のコツ』でも書きましたが、「1年生の1学期は6年間の縮図」です。ちょうど、1年前の子どもたちはピカピカのランドセルを背負って、大きな期待を抱いて校門をくぐってきました。私は、2年生の学級開きにこのランドセルを使います。

「皆さん、ランドセルを机の上に置いてください。そしてじっくりと見つめてください」

私が、突然真面目な顔で話し始めると、子どもたちもなんとなくそわそわしながら、またニヤニヤしながらランドセルを見つめます。

「では、手で撫でてみてごらん……」

子どもたちは、それは大事そうに自分のランドセルを撫でます。そして、隣の子のランドセルも見ながら会話を始めます。私は、ゆっくりと教室をまわりながら、子どもたちの様子を窺います。2年生の教室が動き出した瞬間です。

続いて私は、「では、隣の子とランドセルを交換してみましょう！」と言います。すると子どもたちは「わぁ！」と歓声を上げます。隣の子と交換したランドセルを撫でながら、自分のものとの違いを感じる一時をつくるのです。

私はまた、ゆっくりと教室を見回して彼らの様子を窺います。そして、小さな用紙を配布して言います。

「ランドセルを隣の子に返してください」

子どもたちに自分のランドセルが戻った瞬間に、「さすが、2年○組ですね！　すごい！○○さんは、ランドセルを返したときに『ありがとうございます』とお礼を言っていましたね！」と、お礼を言った子を褒めます。

一つの行為をしっかりと見てあげること、それに意味づけをしてあげることが低学年では大切です。当たり前のことでも、その意義を教えてあげることで、できた子はその行為を自分のものとします。

また、できていなかった子でもその行為の意味を知ることで、自分の行動を変容させることができます。これが教室の学びです。教師は子どもたちとの縦糸と子ども同士の横糸を交互に交えながら教室を創っていくのです。

「では、今配った用紙を見てください。ランドセルを見比べて、自分の今の気持ち、気付いたことをなんでもいいので書いてみましょう！」

教室のざわめきがやみ、やがて鉛筆で書く音だけが教室に響き渡ります。

数分後、子どもたちがまだ書き終わらない頃に、私は「やめ、鉛筆を置きなさい！」と言います。子どもたちは少し驚きながらも、鉛筆を置いて私の方を見てくれます。ここでもすかさず褒めます。

「さすが、皆さんすごいですね！　やめと言われてすぐに今やっている作業を終えられた。これが2年生です。皆さんはすごい力を持っています。

教室の上を見てください。これが『空気のドーナツ』です。皆さんが集中して一つのことをやっているときにだけできるものです。この『空気のドーナツ』を大切にしていくことをこのクラスの約束にしていきましょう」

そして、私はにっこり微笑みます。

「先生はとても嬉しいです。ありがとう。では、続きを書いてください」

大きな船、2年○組の出航です。用紙には、それぞれの感想が書かれていきます。

「1年生のランドセルとは違うけど、僕にはこのランドセルには1年間の思い出が詰まっているよ」「〇〇君のランドセルを触ってみて、自分のランドセルと少し違って感じたよ。なんでかな？」……。

2年生の担任の役目は、一言で言えば「1年生のときの成長を実体験させる」こと。子どもたちは1年生のときに大きく成長します。しかし、彼ら自身はそれに気付かずにいます。だからこそ「こんなに成長しているんだよ！」と目の前に示してあげるのです。

本書では、主に2年生担任の視点で書いてあります。しかし、中には1年生のときの実践、ポイントもあえて掲載しました。小学校低学年の担任の仕事は常に前の列車（前学年）を意識して子どもの前に立つことが大切だからです。

しっかりとまとまるクラスには、一体感があります。笑顔があります。子どもたちが自ら動く力があります。そんなクラスにするために、教師はどうしたらいいかを具体的に書きました。同じように見えてもちょっとスパイスが違うだけで、1年後の「2年生卒業！」では大きな違いが出てきます。

では、「2年生のクラスをまとめる」ちょっとしたスパイスをご堪能ください。

安次嶺　隆幸

目次

第1章

主体的に学ぶ子どもに育てるコツ　13

第2章

クラスをまとめる学級づくりのコツ　59

第3章

子どもが落ち着く生活指導のコツ　93

第4章

授業が変わる学習指導のコツ　117

第1章

主体的に学ぶ子どもに育てるコツ

2年生　子どもの前には白紙の状態で立つ！

子どもたちが2年生になったはじめての日。多くの教師は、メッセージとして子どもたちに次のような話をします。

「皆さん、2年生に進級おめでとうございます！　今日から皆さんは、お兄さん、お姉さんです。もう1年生ではありません。新1年生のお手本として頑張りましょうね！」

確かに、子どもたちには2年生としての自覚、お兄さん、お姉さんになる自覚をもってほしいので、このような話をしてしまいがちです。ただ、2年生の担任として気をつけておきたいのは、**前年の意識をもっていることが逆に弊害になり得る**ということです。

子どもたちは、大人が考えているよりもずっと早く成長していきます。仮に持ち上がりのクラスだった場合、「あの子は、真面目でしっかりとしている子」といった、1年生のときに思っていたことに引っ張られると、4月の出会いが崩れたりする場合があります。

私も低学年の持ち上がりを何度か経験していますが、自分のイメージと目の前の子どもたちの姿のギャップに戸惑い、それを修正しきれないまま大事な4月を無駄にしてしまったことがあります。

まずは、1年生のときのことは、すべて頭から排除して、白紙の状態で子どもたちの前に立つことをオススメします。

学級開きでは子どもが主体的になるような
メッセージを出す

前述の「新1年生のお手本として…」という台詞。実は私も若かりし頃、何度か口にしていました。しかし、子どもたちとの学校生活が始まるにつれ、**いつの間にか彼らの表情が暗くなり、クラスがバラバラになっていくのを感じる**ようになりました。

問題となったのは、やる気のある子ではなく、自分からはなかなか物事を進められない子の態度でした。自分のことだけしかやらない、他のことには注意が向かない、言い換えるならば、「めんどくさい」という空気が教室に漂い始めたのです。

その原因がわかったのは、子どもたちのちょっとしたつぶやきからでした。

「先生、次は何をやりますか？」

そのあまりに受け身な態度に、私は愕然としました。教室は整然としているようでしたが、実は一部のやる気のある子が動いているだけ。その他大勢は指示に従っているだけの集団なのでした。話し合い活動、運動会、その他の自分たちで行う行事を振り返ってみても、中心となっているのは教師と一部の子どもだったことに気付いたのです。

冒頭の台詞は、本来は教師からではなく、子ども自らが発するようにしなければ、子どもとクラスの成長は望めません。ですから、学級開きなどでの言葉は、どうすれば子どもたちが主体的になるかを考えて話すといいでしょう。

「空気のドーナツ」で出会いの演出を！

「子ども自らが動き出す教室」をつくるためには、どうしたらいいでしょうか。

まずは、教師が子どもたちへの投げかける言葉を変えていくことが必要です。

例えば、「○○しましょう！」という言葉をやめて、**「では、皆さんならどうしますか？」**と問いかけてみましょう。

すると、当然子どもたちは考え始めます。**この考えている空間、思考が広がる教室をつくっていくことが2年生の土台となります。**

具体例として、私のクラスでの出会いの演出を紹介します。

始業式当日の午前6時。私は誰もいない職員室でこれから始まる1年を考えます。私は朝型の生活を始めてもう30年近くになります。朝早く出勤することで自分の「やる気スイッチ」を入れてきました。

2年生の教室に足を運びます。目を閉じて、新2年生の子どもたちの姿を想像します。あと1時間もすれば、子どもたちの歓声が校門前で響き渡るでしょう。

私はここで、子どもたちとの出会いのリハーサルをします。始まりは、ドアを開けて教室に入ってくるところから。静かに音を立てずに教室の戸を開けて一礼します。そして、まだ誰もいない教室に入ります。

教師を続けていると、どうしても「なんとかなるだろう」という甘えというか、慢心が出てきます。若かりし頃は私にもありました。持ち上がりのクラスでした。結局「なんとかなるだろう」という雰囲気のまま子どもたちと向き合い、そのまま1年が過ぎてしまいました。子どもたちには本当に申し訳ないことをしたと今でも後悔しています。それ以来、私は毎年必ずリハーサルをするようになりました。

さて。私は教室を見回します。本番では、子どもたちの目が一斉に私に向けられるでしょう。私は子どもたちの目を見ながら、彼らの机の間を歩き、教室後方へと移動します。そして、彼らの横からの姿や後ろ姿をチェックします。子どもたちもはじめはニヤニヤしていますが、やがて姿勢を正すようになります。

ここまで私は無言です。子どもたちとの無言の会話を交わしていると、**次第に一種の緊張感が教室を包みます。これを私は「空気のドーナツ」と呼んでいます。**

「空気のドーナツ」ができたと思ったら、私は教卓に戻ります。そして、ここではじめて声を出します。

「2年生への進級、おめでとうございます！　これから、1年間、みんなと一緒に学んでいきます。担任の安次嶺隆幸先生です！　どうぞ、よろしくお願いします」

私は深々とお辞儀をします。ゆっくり、丁寧に。それから、また話を続けます。

「皆さんは、とても素晴らしいです。なぜなら、ほら、教室の上を見てください。『空気のドーナツ』ができています。これは、みんなの視線と心が一つになったときにだけできる空間です。授業もよくわかるようになります。安次嶺教室では、この『空気のドーナツ』を大切にしていきましょう。まずは、一つ目の約束です。わかりましたか？」

話し終えると、「はい！」という元気な声が響きます。私はすかさず褒めます。

「さすが、いい返事ですね！　今、声を出して『はい！』と言えた子は立ちましょう！」

ほぼ全員が起立します。しかし、なかにはまだ座っている子がいることも。そのときは、

「今、座っている子はとても正直者です。先生は、正直者が大好きです。みんなで拍手をしてあげましょう！」と皆で拍手を送ります。

「いいですか。拍手とは、ただ手を叩くのではありません。**その子へ届くように心をこめて叩く**のです」

子どもたちの拍手が一段と大きく、揃ってきます。

「みんな素晴らしいですね！　今、拍手をした子はきっといいことがありますよ」

最初の出会いをいかに演出するか。それがその後の1年間を占うのです。

間違えてもいいから発言する子を褒める

さて、最初の出会いの演出には続きがあります。皆で拍手をした後、私は言います。

「では、もう一度、戻ります」

子どもたちは「えっ？」という怪訝な顔。私は、かまわず続けます。

「2年生への進級、おめでとうございます！　これから、1年間、みんなと一緒に学んでいきます。担任の安次嶺隆幸先生です！　どうぞ、よろしくお願いします」

私は深々とお辞儀をします。ゆっくり、丁寧に。すると、教室に笑いが起きます。私が同じことを繰り返したので、皆が笑ったのです。しかし、私は怖い表情で言います。

「先生が深々とお辞儀をしたとき、皆さんはどうしていましたか？　皆さんは、もう1年生ではありません。2年生です。さて、どうしますか。わかる人？」

子どもたちが考え始めます。わかったという子が一人、二人と手を挙げます。私はその子たちに「さすが2年生ですね！」と小さな声で褒めます。そして、**「この教室は間違えてもいいのです。勇気をもって一生懸命真面目に考えたことが偉いのです」**と話します。

「教室は、『間違えるところ』です。先生が言うので声に出してみましょう。教室は…」

「間違えるところ！」

こうしてまた、クラスの約束が一つ増えました。

挨拶を通して礼儀を指導する

「空気のドーナツ」ができた教室に、子どもたちの心のこもった拍手が響き渡る――。

この演出がうまくいけば、2年生の学級の船はスムーズに動き出します。

教師が引っ張るのではなく、子どもたちで動かす教室には一体感があります。**自分が行ったこと「拍手」「無言」「話は眼で聞く」が、動き出す力となることを子どもたちは実体験する**のです。

最初はできるだけ、子どもたちが主体的になるように仕向けます。すると彼らは、「こうすればいいのだ」「この空間が気持ちいい」「先生は、こういうことで喜ぶのだ」ということを学んでいきます。自分が「やらされる」のではなく、「自ら行うこと」で自尊感情が芽生えるわけです。

さて、いよいよ2年生のクラスが動き出しました。

ある子が言います。

「先生がお辞儀をしたとき、私もお辞儀をしました」

「偉いね。さすが2年生だね」

私はその子を褒めた後、クラスの子どもたちに向けて言います。

「このことは1年生にはわかりません。1年間この学校で学んできたみんなは、わかるよね。

教室というのは、いろいろな人がいるところです。その人が何をしているのか、先生がしていることには、なんの意味があるのかということを考えることができるのが、2年生なのです」

ここで**きちんと指導しなければならないのが「礼儀」**です。

教室の中に規律があると、その方向が一定します。まずは、教師がしっかりと指針を示すことが大切です。

挨拶、それこそ「起立、気をつけ、注目、礼」と一つの行動に意味をもたせることで、自然と教室の空気が整います。

「いいかな。今日も校門で校長先生が、みんなが登校してくるのを出迎えてくれたよね。そのとき、みんなは、『おはようございます!』と元気よく挨拶できたかな?」

「うん、僕は帽子を取って、先生みたいにしっかりとお辞儀をしたんだよ」

「僕もそうだよ。そうしたら、校長先生が『いい挨拶だね!』と褒めてくれたんだ」

私は子どもたちを目一杯褒めます。そして言います。

「でもね、みんなよく聞いててね。実は、校長先生は、みんなが挨拶をした後の行動を見ているんだよ。

帽子を取って、深々とお辞儀をした後の君たちが走って下駄箱へ駆けていく姿、履いてきた靴を投げて下駄箱入れに入れていないか、友達と言い争いをしていないか…とね。

人間は、**何かをした後の行動にその人の本音、本心が現れるもの**なんだよ。もう、お姉さん、お兄さんになった君たちならわかるだろう？」

全員を起立させて、私が深々とお辞儀をすると、一斉に子どもたちもお辞儀をしてくれました。

「たかが挨拶、されど挨拶」

教室の空間が２年生に変わった瞬間です。

学級開きでは型を教える

武道では、まず「型から入る」ことを教えます。剣道でも柔道でも、型を覚えさせることでその道の心を伝えます。学校生活に置き換えると、**学級開きはこの型を教える作業**といえるかもしれません。つまり、型から教えることで、その心を伝えるわけです。

例えば、私が「授業の挨拶は、真剣勝負と同じです」と言うと、子どもたちの眼が輝きます。「真剣勝負」という言葉に反応するのです。

そして、実際に「起立、礼、注目…礼！」と挨拶をした後、**全員でもう一度挨拶をやり直させることで、教室のルール（型）を教えていきます。**

教室に「空気のドーナツ」ができると、「黙想で教室の空気を整える」意義と、この環境で授業を行うことを伝えます。実際に、この空気で授業を進めていくと自然に子どもたち自身が「空気のドーナツ」を大切にしてくれるようになります。

ちょっとザワザワと声が大きく耳障りな音が響くと、誰かが必ず「空気のドーナツが壊れちゃうよ！」と発言してくれます。私はすかさず「みんな偉いね！『空気のドーナツ』を大切にしてくれてありがとう！」と子どもたちを褒めます。

型を教えた後は、その心を伝えて、子ども自らがそれを実践していくことを見守ります。これが、2年生の5、6月の作業となります。

クラスづくりは授業開始の3分で決まる

2年生のクラスづくりで大切なのが、授業の入り方です。

どのように授業を構築するかという土台は、毎時間のはじめを大事にします。多くの担任は、学年のはじめ、4月の「黄金の3日」を意識してクラスづくりに取り組みます。

もちろん、それも大切です。しかし、どうしてもその指導を生かせない方もいます。そうならないためには、**最初の3日ではなく、授業の最初の3分が勝負**という気持ちをもち続けることです。そして、それを1年間続けるのです。

授業の開始のチャイムが鳴ります。子どもたちは着席します。チャイムが鳴り終わったとき、まずは教師自らが今やっていたことをやめて、子どもたちの前に立ちます。私は常にチャイムが鳴り終わった瞬間に、子どもたちの前に立つことを目標としています。

さて、チャイムが鳴り終わったら、日直に号令をかけさせます。「起立、気をつけ、礼」。挨拶は礼儀を教えるという意味でも重要ですが、それ以上に**「今やっている行為を直ちにやめさせること」を教える**ことだと思っています。「もうちょっと…」「あと一文字書いてから…」という、甘えた気持ちを断ち切る勇気を教えているのです。

実は、この積み重ねが今の教室に欠けていると感じています。これは子どもたちの自分に打ち克つ強い気持ちを育むことに通じると思うのです。

折り紙だけで「空気のドーナツ」をつくる

低学年の教室は、どうしても騒々しくなりがちです。子どもたちは元気が一番ですから、それも仕方がありません。

ただ、子どもたちに釣られて教師も大声を出してしまうと、それこそ収拾がつかなくなってしまいます。これでは「空気のドーナツ」をつくることもままなりません。

様々なことに興味・関心の芽が伸び始めるこの時期、先生の仕事はいかに子どもたちの関心・興味を一つに束ねていくかにかかっています。**つまり、あらゆるテクニックを駆使して、彼らを「聴く集団」に育てていくのです。**

教室が騒がしいとき、私はよく折り紙を使います。

まずは折り紙を一枚取り出して、子どもたちの前に示します。何人かの子が、折り紙に気付いて近づいていきます。

一人、二人…とやって来て、私の周辺に輪ができます。私はそのことを意識しながら、無言で紙を折ります。すると、子どもたちの輪は少しずつ大きくなります。私は、その輪になった子どもたちの眼を見つめながら、「スッペースシャトル」と呼んでいる特別の紙飛行機を折ります。

教室には、まだ騒いでいる子、自分の興味の赴くままに活動している子がいます。私は、その子たちを意識しながら折り進めます。

さて。私はできあがった「スッペースシャトル」を掲げます。数人の子が「おぉ！」という歓声とともに拍手します。ここでようやく、子どもたち全員の視線がこちらに向きます。

私はその状態を十分に意識して、「スッペースシャトル」を目の前の子どもに渡します。周囲からは「よかったね！」「すごいね！」と声がかかります。

私は言います。

「○○ちゃんは、一番に静かに着席していたからね。ご褒美だ！　では、次は誰にしようかな？」

このときには、私の声は教室全体に届いています。そして、**新しい「スッペースシャトル」を折り始める頃には、教室の半分近くの子が席に着き始めます。**

ほとんど言葉を発さなくても、折り紙ひとつでクラスを静かにさせる。ちょっとしたテクニックですが、効果は抜群です。

そして、私が一言も発することなく、教室には「空気のドーナツ」ができているのです。

スッペースシャトルのつくり方

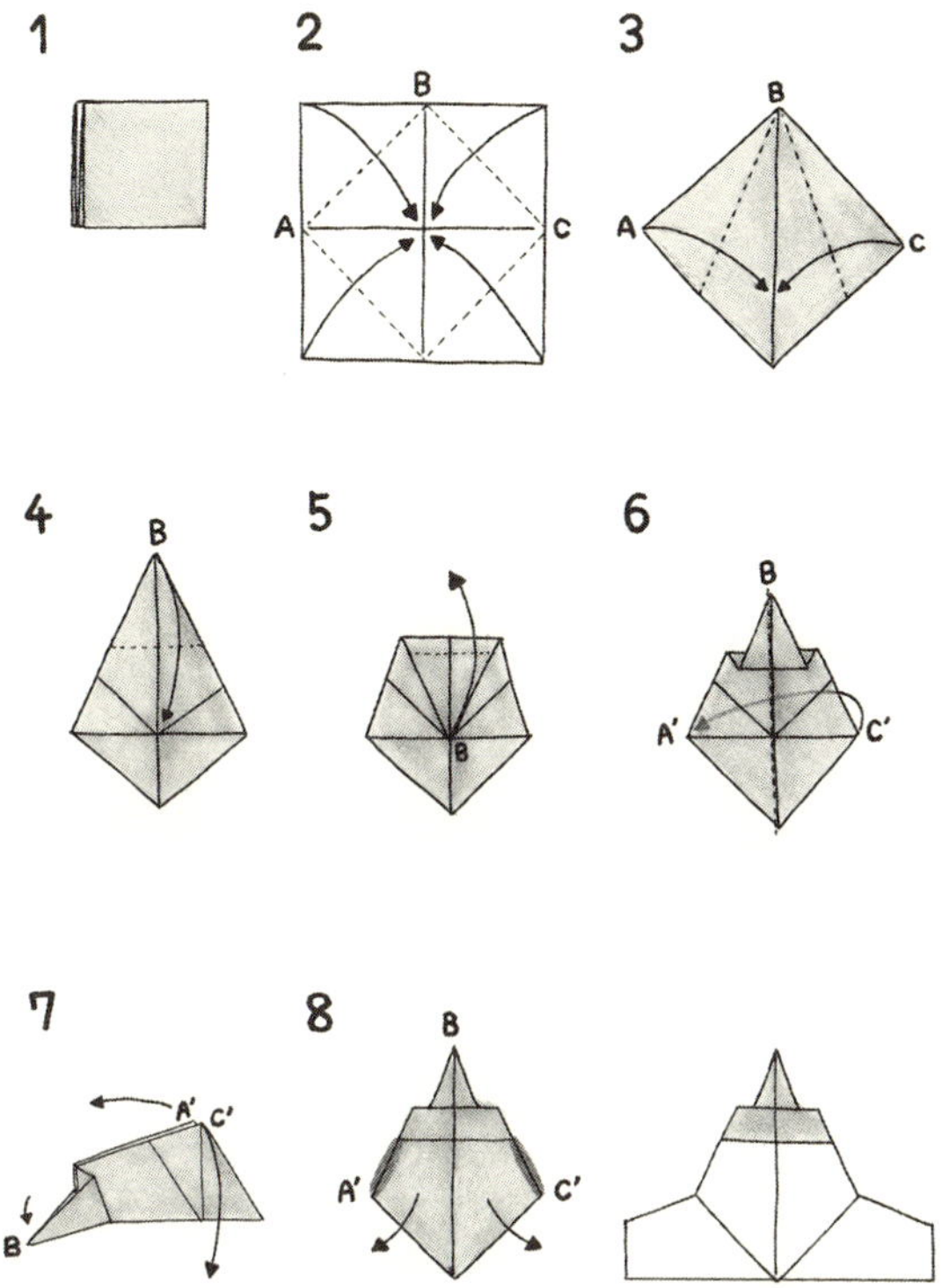

折り紙を活用してクラスをまとめる

折り紙は、いろいろな使い方ができてとても便利です。

私は「スッペースシャトル」の他にも、子どもの興味を惹きつける引き出しがあります。

例えば、**折り紙でハートをつくる方法**。

これも教室が騒がしくて収拾がつかないときに用います。

やはり、おもむろに折り紙を出して、今度は三角形に折っていきます。子どもたちも「あ、先生がまた何かを始めたぞ」と注目し始めてくれます。

私は折りながら、子どもたちに「なんだと思う？」と問います。

「三角！」と子どもたち。

「そうだね」と私。

私は折った三角を、ハサミで切り分けて５つに分けます。そして、騒がしい中でも私の話を聞いてくれていた５人を前に呼んでプレゼントしていきます。騒がしかった教室もやがて静かになって、皆が折り紙を見始めます。

「その三角を開いてごらん」

子どもたちが開くと、そこにはハートができあがっていました。「お～」という歓声が上がります。

しかし、私が渡すことができたハートは4つ。残りの1つは、切った残りの紙です。渡された子も不審そうに、その紙を見つめています。

「ごめんね。君にはカスしかないんだ。でも、それを広げてごらん」

他の子どもたちが見つめる中、その子が折り紙を開くと、そこには四つ葉のクローバーができていました。

「おお！」とさらに大きな歓声が上がって、私はクラスを収めることができました。

ハートの他には、**星をつくる方法**というのもあります。

こちらは折り紙ではなく、A4やB5のプリントを使って折ることができます。例えば、いつも怒られるような子が、宿題などでちょっと頑張ったときなどにも使えます。その子に普通にプリントを返すところを、星に折って「よく頑張った！　君は暁星（小学校）の星になれる！」と言って渡すと大喜びします。

ちょっとしたことでもいいので、先生は何か「技」をもっているといい。子どもの興味を引く、子どもを驚かせる「技」をもっていると、クラスはもっと盛り上がります。

ハートとクローバーのつくり方

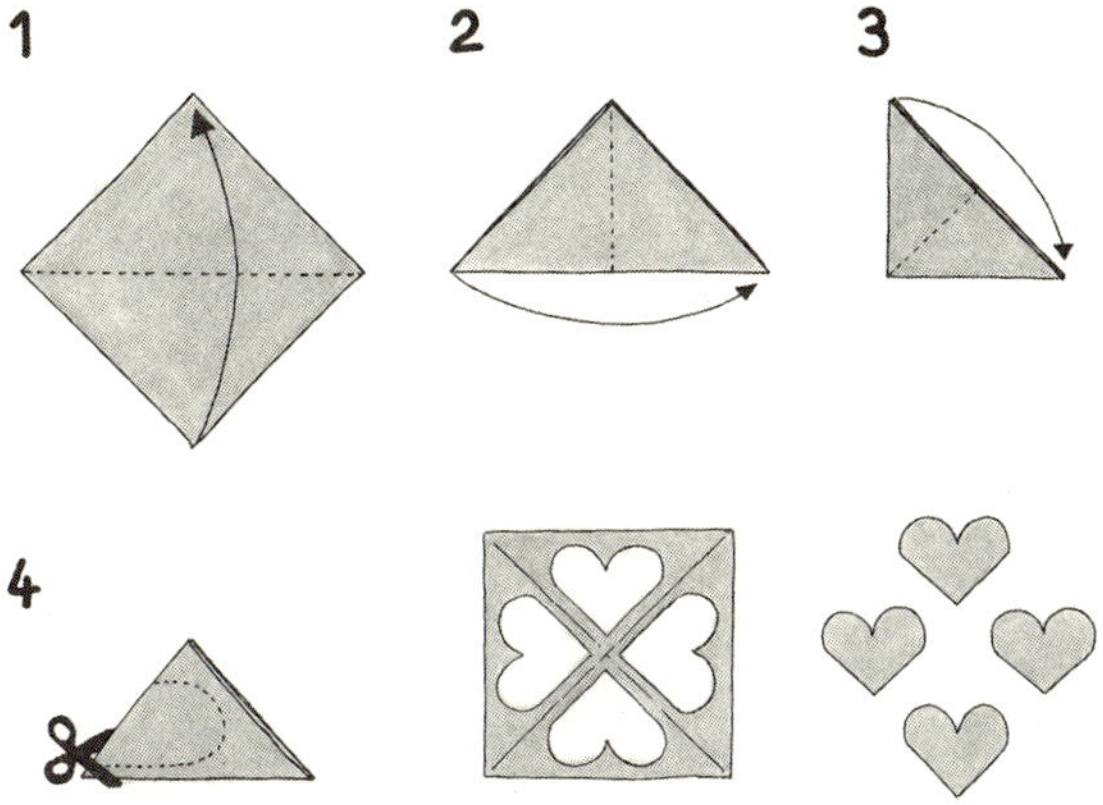

星のつくり方

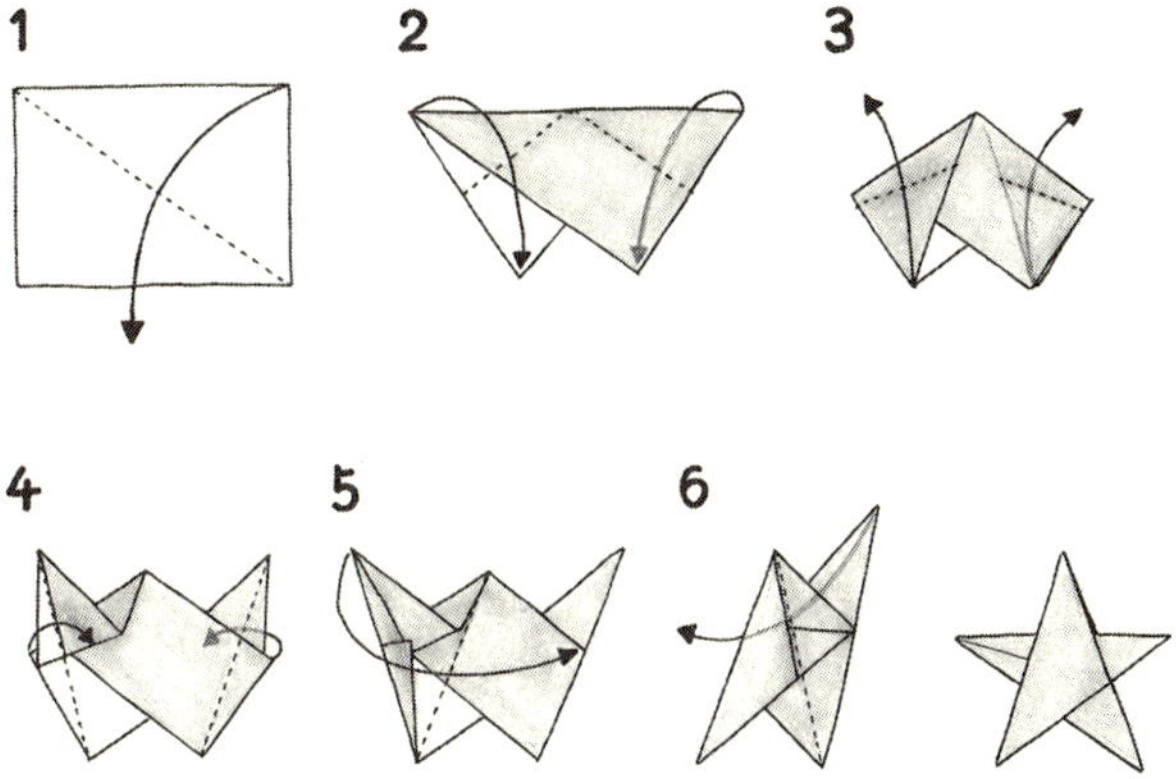

「語り」で、聴く姿勢を身に付けさせる

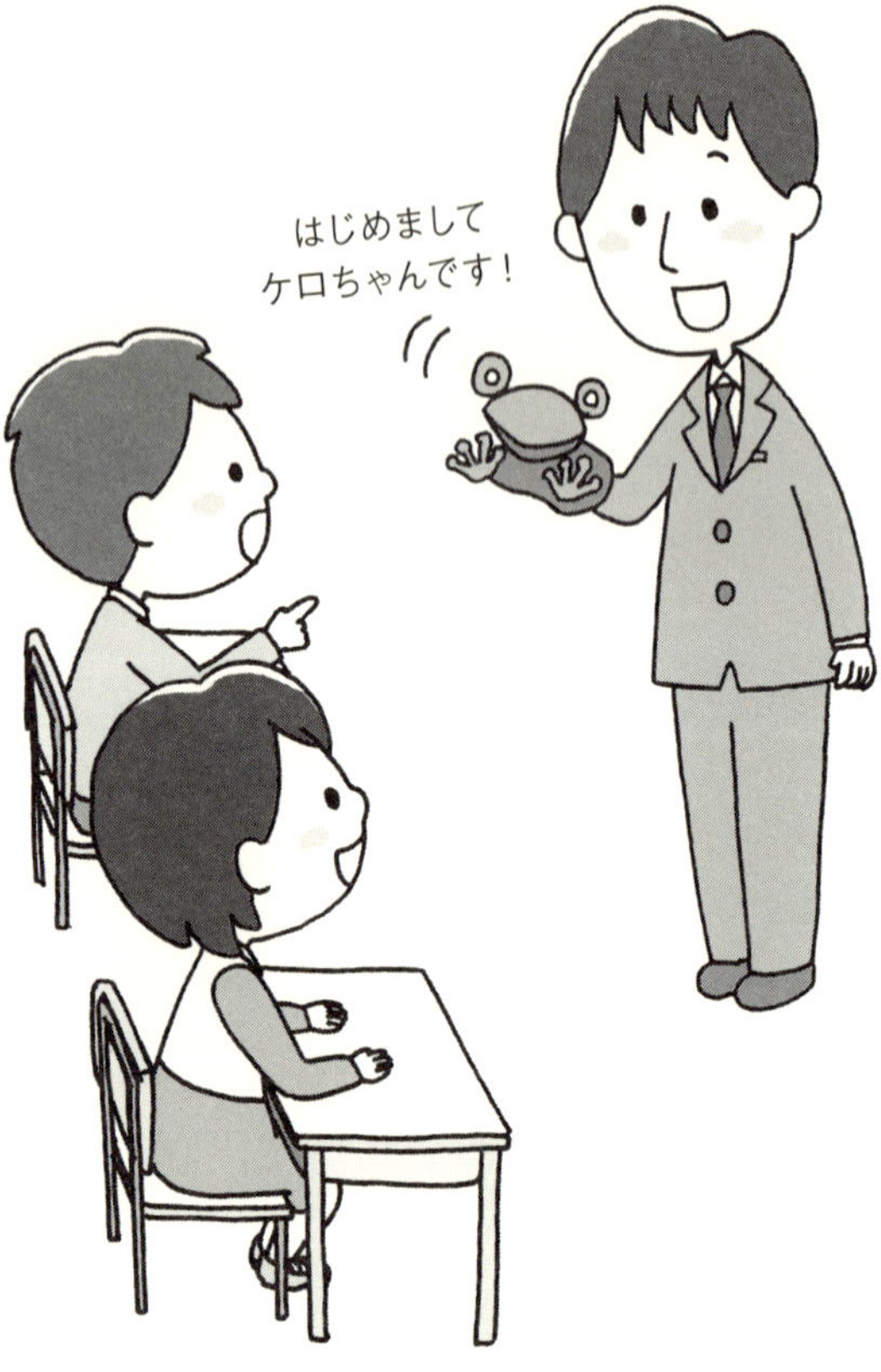

学級を動かすポイントとして、まずは子どもたちに**「聴く」という姿勢を身に付けてもらう**必要があります。どうするかと言うと、私の場合は**『ケロちゃんの話』という創作童話を披露する**ことから始めます。

ケロちゃんとは、私が考えたカエルのキャラクター。「今日は、みんなにもう一人新しい仲間を紹介するよ。ケロちゃんです」と言って、自作の人形を見せます。あとは、腹話術のように私とケロちゃんが会話していきます。

1年生からの持ち上がりのときは、入学式のその日からケロちゃんを登場させているので、子どもたちにはお馴染みになっています。2年生から新たに担任する場合は、始業式から登場させるといいでしょう。

話の内容はアドリブで、子どもたちに「ケロちゃんはどんな子だと思う？」と意見を聞きながら、やり取りを進めていきます。自分が普段から興味をもっていることなど、なんでもいいので、ケロちゃんを通して話していきます。これだけで、子どもたちは話を聞いてくれます。

新人時代、私はよく大声を上げていました。若いということは、子どもたちとの年齢差もあまりないということです。自分の子ども時代と比べて、つい目の前の子どもを見てしまいます。自分の信じていること、よかれと思っていることを押しつけてしまうことになりがちです。私は、自分の言うことに対して子どもたちが思うように動いていないことに唖然としました。なぜ、自分の指示に動かないのか。

「これは声が聞こえていないのかな」と、声を大きくしてみたりしました。しかし、結果は逆効果。教室の空間が騒然としたものになってしまったのです。

教師の声（指示）と子どもたちの声（歓声）が交錯する空間。それぞれが別の顔をして言い合っている空間が教室に二つ、三つとできあがっていました。これでは、いくら声を荒げても伝わるわけがありません。子どもたちへの不満が新人教師の中に広がったと同時に、子どもたちから笑顔が消えていきました。

自分のふがいない指導に嫌気がさしてしまったとき、私はもう一度自分の指導を振り返りました。

低学年への指示はどうしたらいいのか。子どもたちに響く話し方はどうしたらいいのか。コンサートでの噺上手な歌手の話をメモし、また落語の枕の噺を使ったり、絵本や映画のことを授業の導入に使ったりしました。そして、ダメでもともとの気持ちでケロちゃんの話をしたのです。

ケロちゃんの話は、とても効果的でした。子どもたちは興味津々で話にのめり込み、いつの間にか教室に「空気のドーナツ」ができていました。

私は、毎日の語りを録音して、子どもたちの反応がよかった場面をまたさらに次の日に語りつなげていきます。**話をリフレインすることで、子どもたちの記憶も蘇り、また今日の語りの力量もついていきます。**

また、子どもたちの生活もよく見るようになりました。授業中だけでなく、普段の生活でも子どもたちがどう過ごしているかを見て、それをケロちゃんの話に生かすようになったのです。

「そう言えば、〇〇君、昨日の帰りに誰もいない教室の机をきちんと揃えてくれたんだってね。ケロちゃんが教えてくれたよ」

これだけで教室は拍手で包まれ、褒められた子も嬉しそうに笑います。

みんながきちんとしていたとき、頑張ったとき、「空気のドーナツ」が教室に漂ったとき、「ケロちゃん話」が始まります。子どもたちはその瞬間を心待ちにするようになってきました。同時に、教室の集団活動が活気に満ちてくるようにもなってきました。

こうして教師の「話す力」、そして子どもたちの「聴く姿勢」を育てていくのです。

キャラクター指導のコツ

私がはじめてケロちゃん人形をつくって話をしていたとき、ある先生から「子どもだましで興味を引きつけるだけではだめだよ」と言われました。

当時は「でも、子どもたちが喜んでいるから、いいじゃないか」と心の中で反発していましたが、今ではその先生の言っていることは正しいと思っています。

指導には、小手先の興味関心ではなく、しっかりとした哲学がないといけません。哲学という言葉が言い過ぎなのであれば、教育観と言い換えてもいいでしょう。

子どもたちに投げかける言葉、教材、一つひとつに意味をもたせることが大事だということです。

私のケロちゃん話で言うと、「ただ子どもが喜ぶから」ではなくて、「なぜ、喜ぶのだろう」「ケロちゃんを持ち出すことで、どんな効果があるのか」という真のねらいをもって行うべきだということです。

私がケロちゃん（キャラクター）を教室に持ち込むことの意義は、三つあります。**一つ目は、第三の眼をつくること。**

教室には二つの眼があります。一つは、子どもの眼。教師は子どもたちに観られて授業をしています。もう一つは、自分自身、つまり教師の眼。ここに第三の眼として、キャラクターを置くわけです。この眼は、教師と子どもたちのやり取りを観ているという立場になります。学級経営においては、この眼がとても大切になってきます。

例えば、クラスで問題がもち上がったとき、教師は「こんなとき、ケロちゃんだったらなんて言うだろうね」と言うことができます。教師の言葉を出しづらいときは、「ケロちゃんから手紙が来たよ」と、ケロちゃんを通して教師の思いを伝えることができます。

子どもたちもケロちゃんに常に観られていることを意識しているので、その言葉に耳を傾け、問題を解決しようと建設的な意見を出します。

二つ目は、「子どもがケロちゃんを大好き」「先生もケロちゃんを大好き」となることで、教師と子どもに共通点ができ、両者の関係が緊密になります。これはオーストリアの心理学者フリッツ・ハイダーのバランス理論によるものです。

三つ目は、教師の話術の向上です。

子どもたちにどう伝えればいいのかと、ケロちゃんを通して考えられるようになります。子どもとの会話がちぐはぐだったから、次はこうしてみようとか、失敗も次に生かせます。

そうやって考えることで、教師は子どもたちに「あれ？　今度の先生はおもしろそうだぞ」と思わせようと努力するようになります。

ちなみに、ケロちゃんは、入学式で人形を登場させますが、それ以降はあまり登場させません。宇宙へ冒険旅行に行っていることになっていて、滅多に姿を見せないという設定になっています。

実は、**あまり人形を登場させないのが、創作童話を長く続けるコツ**でもあります。というのも、創作童話はできるだけ子どもたちの頭の中で展開させたいからです。実物がなくても、想像すればその世界が広がるようにすることで、いつでもどこでもケロちゃんの話題を持ち出すことができます。

そして、みんなが特別に頑張ったときや、運動会の前の日、サッカー大会の後など、それぞれの行事の前後にちょっとだけ登場させるといい。すると、子どもたちは大喜びしてくれます。

キャラクターを教室に入れることは、教室にもう一人みんなのヒーローを入れることです。その眼にいつも観られていることで、自分を振り返ることができるようになるでしょう。

子どもをよく見て、叱りながら褒める

低学年の指導でまず大切なのは、**「なんでも褒めることにつなげる」**ことです。着替えること、文字を書くこと、手を挙げて発言すること、友達の意見に拍手を送ること、先生の話を黙って聞くこと…。一つひとつが褒める場面となります。

褒めるのは意外と難しいものです。特に低学年が相手だと、彼らの奔放すぎる動きについ「コラァ！」と声を出してしまいがちです。こっちで叱っていると、あちらでは違った悪さを始める子どもたち。向こうからはグラウンドでの揉めごとを報告してくる子がやってきます…。

叱っていることが次第に怒りに変わり、「怒る指導」になってしまいます。

もちろん教師も人間である以上、感情的に行動を起こすこともあります。しかし、それがあまり表に出すぎるとよくありません。

子どもたちは、先生の行動を無意識に見ています。ですから、先生は絶えず見られていることを意識しなくてはいけません。自分が見られていることを意識し出すと、自分が発する言葉にも気遣うことになります。叱り方もそうですし、褒め方もそうです。

「笑顔で叱れる教師」「叱った後の、ちょっとした微笑み」が、プロ教師の神髄といえるのではないでしょうか。

椅子の指導で子どもたちに自信をつける

教室には、常に**緊張と弛緩が必要**です。しっかりと引き締まった空間にほっとする笑い。これを学級の軸にします。

例えば、挨拶で起立したときの椅子の扱い方。日直が「起立」と号令をかけると、子どもたちが立ち上がります。私はすかさず、「ちょっと、待て」と彼らを制止します。

「なんだ、君は。君は、椅子を引いたまま、座るために挨拶をするのか。それは挨拶にはならない。ちゃんと椅子を机の中に入れなさい」

子どもたちの中には、すぐに座れるように椅子を後ろに下げるだけの横着な子がいます。

「よし、もう一回」「起立！」

今度は椅子を動かす音が響きました。

「待て。なんだ、今の音は。ガタガタと音を立てるんじゃない。やり直し！」

何度もやり直しをさせて、皆が音を立てずに椅子を引いて机の下に入れるまで繰り返させます。すると、成功したときは本当に静か。教室がある種の爽快感に満ちてきます。それは私だけでなく、子どもたちも感じているようで、**彼らの表情が引き締まる**のがわかります。ここで私は満面の笑みで子どもたちを褒めます。子どもたちも自信をもった笑顔で返してくれます。こうして学級の信頼関係が深まっていくのです。

挨拶の大切さを伝える

さて、「椅子の指導」の後は、実際の挨拶です。

挨拶は、**心と心をつなぐ絆**です。最近では、時間を短縮するために授業の挨拶を省略する学校もあると聞きます。あるいは、子どもたちに無理矢理させるくらいなら、しない方がいいというところもあるようです。確かに一理あります。

しかし、できるならば挨拶をしっかりと行うことが、今の教育界には大事なのではないかと思っています。

現代社会は、人とのつながりが希薄になっているといわれがちです。生活環境が昔より便利になっているのはよいことですが、ＴＶゲームやコンピュータにばかり気を取られ、人とコミュニケーションを取るのが苦手だという子も増えてきています。教室に来るまで挨拶どころか、誰とも目を合わさずに来たという高学年の子もいるようです。

だからこそ、人と人とが目を合わせて対峙できるように、**相手に対して自分の姿勢で気持ちを伝えられるようになってほしい**と思います。そのために、挨拶をきちんとするのです。

「お辞儀をすることで、次の授業のスイッチを入れるんだよ」「挨拶の後が大事なんだ」

そうやって私は普段から挨拶の大切さを子どもたちに説いています。

授業に余韻をもたせるために
―「切り替えスイッチ」のつくり方―

クラスに「空気のドーナツ」ができると、必然的に授業にも余韻が残ります。教室に凛とした空気が広がるのです。そして、この空気を大切にすることがクラスの約束になると、授業の音も違って聞こえてきます。

子どもたちが騒々しくはしゃいでいても、一瞬で授業の空気に変えられる「切り替えスイッチ」ができあがります。

ポイントは、**教室に聞こえる音をシンプルにする**こと。

「空気のドーナツの凛とした間」
「教師が指示する声が聞こえる間」
「板書のチョークの音が聞こえる間」
「子どもたちの鉛筆の音が聞こえる間」
「指名した子の発言が聞こえる間」
「子どもたちの自由なつぶやきが聞こえる間」……

これらの音が交錯しないように、教師がちょっと意識してみる。それだけで、授業の空気が変わります。教師の言葉がきちんと伝わったり、子どもたちの思考の時間を確保することができます。何より、余韻を残して授業を終えられるようになるのです。

子どもを動かす

私が勤務している暁星小学校は男子校です。1クラス40名の子どもたちが3クラス、つまり1学年120名の男子が東京のど真ん中の狭いグラウンドではしゃぎ回っています。サッカー、野球などのスポーツや、鬼ごっこや追いかけごっこなど、自分たちで工夫しながら自分たちの世界をつくり上げ、没頭しています。

教師からすると、この休み時間は「子どもウオッチング」の大事な時間となります。若い頃は何も考えず、いつも子どもたちの輪の中に入って、彼らと一体になって遊びまくったものです。しかし、年齢を重ねるにしたがって、子どもたちとの距離感が変わってきました。

今は、ただ一緒に遊ぶのではなく、教室で気になっていた子をマークして声をかけるようになりました。そして、子どもたち全体だけでなく、一人ひとりを見るようになりました。

集団の遊びに加わりたいのにわざと入ろうとしない子、いつも自分中心となってボールを確保している子、サッカーに夢中になってゴールしたかどうかを争っている子、野球が下手な子を非難して泣かせている子、それを報告に来てくれる子…。

子どもたちは皆、それは忙しそうでした。

私は、彼らの姿をしっかりと、一つひとつを胸に刻んでおきます。そこで起きるすべての出来事に、瞬時に対応が求められるのが教師の仕事です。的確な対応、声がけ、教師が動けないときは、子どもたちを動かして対応することもあります。

こんなことがありました。

2年生の隣のクラスの子が、私のところに来て「先生、大変です。○○君が、ケンカをしています！」と報告してくれました。

私は「ありがとう。君は3組の△△君だね。今先生が行くので、その前に君が行って見てきてくれるかい？」とお願いしました。その子は元気よく「はい、わかりました！」と言って、現場に走っていきました。

私は、遠くから現場を見ながら、ゆっくりと歩いていきます。すると、△△君と周辺の子たちがケンカの仲裁に入っています。そして、いつの間にか言い争いが収束していました。

ケンカをしていた二人を握手させて、子どもたちは一緒になって遊びの輪に消えていきます。私は△△君の姿に感心し、彼のクラス担任にたくさん褒めてあげるようにお願いしました。

それから5年後。△△君は卒業文集であの2年生のケンカ仲裁のときのことを書いたそうです。

「一度も一緒のクラスにならなかったけれど、人を通して褒めてもらえた経験は直接褒めてもらうより何倍も心に残った」とのことでした。

教師という仕事は、このようにダイナミックに展開するのです。

第2章

クラスをまとめる学級づくりのコツ

朝のリハーサルで一日の準備を

私が教師として大事にしていることの一つが、朝の時間です。

早朝6時台、私は誰もいない教室に入ります。これから始まる一日をそこで想像するのです。窓を開け、雑巾を水で濡らして絞ります。そして、子どもたちの机、教卓などを拭き上げます。一人ひとりの机を見ながら、朝の授業リハーサル。教師を始めて33年、毎日続けてきました。**この新任のような気持ちが途絶えたら、私の教師としての進歩も止まると言い聞かせています。**

以前、寺の僧侶についての本を読むと、「修行で一番厳しいことはなんですか？」という問いにこう書かれていました。「冬の早朝に飛び起きて境内や庭の掃除をすること、実はこれはそんなに大変ではありません。一番厳しいのは、前日掃除をしていて見た目にはきれいなままのところをもう一度はじめから掃除をすることです」

私は、これは教師にも通じることだと思いました。

自分の教師生活を振り返ると、前日同じように大丈夫だったので、明日の授業もなんとかなるだろう…という甘い考えが浮かんでくることがあります。しかし、それだけではいずれ自分の成長は止まってしまいます。プロの授業は、決してうまさだけで成り立ってはいません。その人の誰も見ていないときの陰の努力を忘れてはいけないのです。

朝は教室で子どもたちを観察する

2年生の担任になったら、まずは、朝の子どもたちの様子をウォッチングすることをオススメします。じっくりと1年間子どもたちが学校生活で学んできたことを観察してみてください。

ここで大切なのは、**これまで得ている情報に惑わされないで観る**こと。ほとんどの担任は、前任者との引き継ぎや、教師間の会話などからその学年、クラスの情報をある程度持っているものです。

しかし、あえてその情報を白紙に戻して、生の子どもの状態を観察するのです。すると、思いのほか、子どものよさがクローズアップされてきます。

朝、子どもたちの様子を見ていると、様々な情報を得られます。早めに友達と申し合わせて登校してきて一緒に遊びの輪に入る子がいたかと思うと、わざと遅めに一人でやって来る子もいます。私は教室で彼らの様子を観察しながら、そしらぬ顔で朝の仕事をしています。

新しい学級をもったときに、何をしようかと、どの担任もまず考えることでしょう。まずは、この1年間「朝、教室で子どもたちを待って彼らを観察する」ことを目標に掲げてみるのもいいかもしれません。

背中で子どもの会話を聞く

授業の合間の休み時間、よく子どもたちの会話に耳を傾けています。といっても、黒板を消しながらなので、**背中で彼らの話を聞いています。**そのせいか、子どもたちは私の存在を気にも留めず、授業中には見せない本音が飛び交います。

「おれ、昨日プロ野球を観に行ったんだ」「僕は、巨人ファンだよ！」「僕は阪神！」

子どもたちの他愛のない会話。私はニコニコして聞きながら、**この会話を次の時間の授業に生かしたりします。**例えば、算数の時間で長さの単元の導入のとき。

「長さ」と板書した後に、「問題です。ホームベースからセンターバックスクリーンまでの長さはどのくらいでしょう？」と発問します。

そして、東京ドームを上から見た図を黒板にかいていきます。それから、机間巡視のとき、私は例の子のノートを見に行きます。

「○○君、黒板の前に出て自分の考えを書いてください」

みんなの期待を一身に受けてその子がヒーローになる瞬間。野球好きのその子は、みんなの前で昨日の野球のこと、大きなホームランを観たことなどを交えながら、自分の知っている知識、情報を伝えます。発表が終わった後、自然にその子への拍手が起こったのは言うまでもありません。

さすが！　2年○組の子だね！　先生嬉しいな！

子どもたちが自分で動くようにするためには、できるだけ子どもが主体的になるように指導することが大切です。

ただし、最初からなんでも子どもに決めさせると、とんでもない方向に行ってしまいます。ですから、教師はある程度までは手引きしてあげる必要があります。

例えば、子どもたちが集団行動をうまくできたとき。

「今日の朝礼は、みんなしっかりと前を向いていい姿勢だったね」とか「誰もお話をしないで、校長先生の話を聞いていたね」と彼らの行動を褒めた後、「先生は、とても嬉しいです。さすが！　２年○組の子だね！」と付け加えます。

この「さすが！　２年○組の子だね！」というフレーズは、毎日ちょっとしたときに使います。すると、子どもたちは、「ああ、僕たちがこうすれば、先生が喜んでくれるんだぁ」と意識してくれます。

これが学級づくりの土台になります。**自分がした行動で人が喜んでくれる。身近な人が認めてくれることが子どもたちの集団意識になる**のです。

ただ褒めるだけではなく、「先生、嬉しいな！」を添えることが大事なのです。

足もとの指導が子どもを変える！

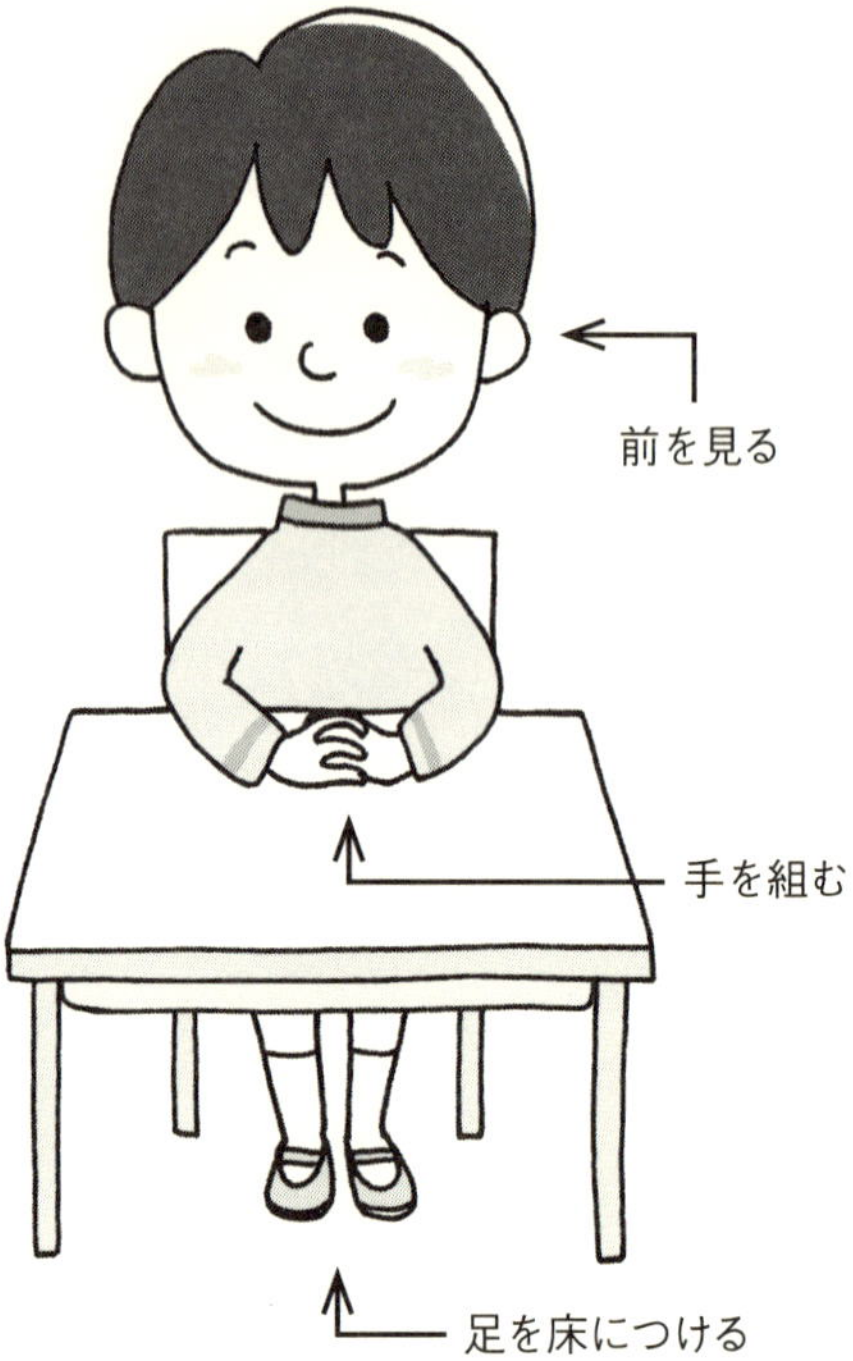

授業の挨拶に関しては、私は厳しく指導します。しっかりと立って、椅子を机の中に入れる。きちんと足を揃える。先生の眼をしっかりと見る。頭を下げて、しっかりと上げて止める…。

それだけではありません。挨拶が終わった後の座り方も徹底的です。「ガタンと音を立ててはいけないよ」と私が言うと、挨拶の意味を感じている子は、座り方も意識してくれます。

座り方のポイントは、子どもたちの足です。**床にしっかりと両足がついているか。**椅子の高さにもよりますが、低学年はそれぞれの身体の成長差が少ないので足が届かないということはあまりないはず。ですから、まずは足もとに注目してみましょう。

もっと言えば、しっかりと足が床について揃えられていたら、手を組んで机の上に乗せさせてください。そのときに、背もたれから大人の握り拳一つ分の間があると理想です。

この姿勢は、子どもたちに文字を書かせる指導でも大切なポイントになります。クラス全員が、**「しっかりと足をつき」「手を組んで」**、そして**「前を見ること」**が教室での基本姿勢です。

足音を立てずに歩く

音を立てないように
着地の瞬間に気をつける

足もとで言えば、歩き方もきちんと指導します。

まず、廊下や階段の上り下りのときの足音に注意させます。具体的には、**子どもたちに様々な学年の足音を聞かせます。**バタバタと大きな足音を立てて教室に入っていく子どももいれば、ほとんど足音を立てずに静かに教室に入っていく子どももいます。他の学年、クラスの足音を、実際に階段の下で子どもたちを座らせて黙って聞かせます。そして、言います。

「君たちは、もう2年生になりました。これから階段を上って新しい教室へ入ります。**できるだけ静かに教室に入って自分の座席に座って待っていてください。**先生は、一番最後からついて行きます」

子どもたちは、自分の足もとに注意しながら、そっと階段を上っていきます。私は階段を上っていく子どもたちを観ながら上っていきます。クラスのドアを開けた瞬間、子どもたちは静かに座って、私を待っていてくれました。その様子を見て、私は褒めます。

「さすが、2年生ですね。皆さんは素晴らしい！」

そして、この足音を立てないで歩くことを目標に掲げます。全体でできる所作を身に付けさせていくことでクラスが一つになっていくのです。

教室のドアは静かに閉める

両手でドアをもって
静かに引く

足もと、歩き方と続いて指導するのが、教室のドアの開け方・閉め方です。私は学級開きで、「教室のドアを静かに開け閉めしていく学級にしよう！」と宣言をします。

そして、実際に「いいか、これから先生が見本を示します」と言って、教室の前のドアを閉じます。ただし、このときは**わざと、勢いよく閉じます。**「ガタッ！」と大きな音が教室に響き渡ります。子どもたちは驚いた表情で私を見ます。

次に、今度はドアをゆっくり、音を立てずに開いて、そして徐々にスピードを落として閉めます。「コト…」と聞こえるかどうかの小さな音で、ドアが閉じられます。

子どもたちは、私の大げさな演技にニヤニヤしながら次の言葉を待ちます。

「さて、皆さんは、どちらのクラスにしますか？」

クラスを動かすためには、どうしても教師の力が必要です。「どんなクラスにするか」の土台に**「どんな子どもたちにしたいか」という教師の願いがある**からです。「たかがドアの開け閉め、されどドアの開け閉め」です。

ドアを静かに閉める、音を立てずに閉めるということは、教室の「空気のドーナツ」を大切にすることと同時に、**他者に対する心配りができる人になってほしい**という教師のメッセージを伝えているのです。

掃除でクラスを変える

学級開きの際、私は子どもたちに「掃除でクラスを変えます！」と宣言しています。

それくらい、学級づくりにとって掃除は大切です。

子どもたちは1年生のときから掃除をしているので、ある程度のやり方はわかっています。ただし、2年生から新たに担任をもつ場合は、前任者との違いもあるでしょうから、ここで改めて指導しておきます。

始業式の翌日。私は言います。

「明日から掃除の時間があります」

すると、ある子が「先生、掃除当番はどうなりますか？」と聞いてきます。

私は、ゆっくりと教室の後ろにある、掃除箱へ近づいていきます。そして、中から、雑巾、箒、ちり取り、モップ、バケツなどを出して前に持っていきます。

一つひとつ、黒板の前に置いていく作業を続けていくと、ある子が近づいて手伝ってくれました。

「ありがとう！」と私はその子を褒めた後、掃除について語ります。

「いいですか、皆さん。明日から掃除の時間が始まります。掃除をしたい人は、雑巾を持ってきてください」

さらに、「**掃除はやらされるものではなく、自らやるものです。**もし嫌だったら掃除はやらなくていいです。その代わり、そこに立って黙って見ていてください」と、やや厳しめに言います。

この語りで、教室には緊張感が生まれます。雑巾を忘れないように、自分で連絡帳にメモをする子も現れます。

「皆さん、先生が掃除道具を並べていましたよね。あのとき、〇〇君は、先生が何も言わないのに、自分で考えて手伝ってくれました。これを自主性というのです」

掃除をするということと、学習、勉強は同じなのです。自らやることで自主性が生まれます。人の指示でやるのではなく、自分の意思で行うことがこの掃除でクラスを変えるということの裏のねらいなのです。教育活動には、常に表のねらいと裏のねらいがあるのです。

このことは保護者会でも話します。「掃除でクラスを変える」と言うと、皆怪訝な顔をしますが、その理由を話すと納得してくれます。

さて、具体的な掃除の流れについては、次の通りです。

子どもたちには雑巾を2枚持ってきてもらいます。1枚は学級用、もう1枚は自分専用。そして、**全員が「掃除見習い」からスタートします。**掃除見習いは、雑巾だけしか使えず、から拭きしかできません。

1日目。まずは自分用の雑巾で、自分が使っているところを拭いていきます。机の上、机の中、トレーの中、ロッカーなどなど。2日目、私は掃除開始前に、昨日のから拭きのときに観察していたある子の名前を挙げます。

「皆さん、聞いてください。昨日の掃除の時間、○○君は、黙ってしかも丁寧に自分の机の上や机の中、ロッカー以外に床やみんなで使う鉛筆削りまで拭いてくれました。今日から○○君は、『掃除3級』に認定します」

子どもたちは大拍手！「掃除3級」になると、水拭きができるようになります。さらに、他の子を「掃除3級」に推薦する権利が与えられます。

私は「掃除3級」に昇格した子を呼び寄せ、その子だけに雑巾の絞り方を教えます。ただし、他の子にも聞こえるくらい大きい声で。

皆、どんな方法なのか気になって仕方がないのでしょう。耳をそばだてています（笑）。

最初に教わった子には、その後昇格してくる子どもたちに絞り方を指導するように伝えま

す。ここが、ポイントです。

これを機に、他の子どもたちも真剣にから拭きし始めます。私はモップを持ちながら、皆の様子を観察します。

その日の帰りの会。既に「掃除3級」に昇格していた子が、真面目にから拭きしていた子たちの名前を挙げます。これで、彼らも翌日から「掃除3級」となります。

また、さらに掃除を頑張っている子は、「掃除2級」に昇格させます。2級になると、箒を使うことができます。そして、「掃除1級」になると、小さめのモップが使えるようになり、「掃除名人」になると、大きいモップが使えるようになります。

階級については、黒板の上の掲示板などに、子どもたちの名前の札を道場などで見るような感じで階級ごとに掲げておきます。

名人になった子には、手作りの免状を渡します。「これで、君は掃除のプロだ！」と褒めながら渡すと、受け取った子は嬉しそうに笑いますし、周囲の子も「早く名人になりたい！」と意欲をもって掃除に取り組んでくれます。

毎日、帰りの会で誰かが推薦したり、褒めたりするので、1、2カ月もすれば皆が「掃除名人」になります。

改めて言いますが、掃除というのは自分でやるものです。これは、勉強と同じ。やらされているのではなく、自分からやる。これが大事です。

先生やお母さんが見ていなくてもやる。その代わり、友達が頑張っているのを見たら、皆に話してあげるといい。そういう文化をクラスに浸透させていくわけです。

また、友達同士で推薦したり、掃除の仕方を教えたりするというのは、お互いがリスペクトし合える関係ということ。この関係が授業でも生きてきます。**子どもたちは自分が認められることで、自尊感情が芽生え、何事にも主体的になります。**

掃除でクラスを変える！

決して大それたことではなく当たり前のことですが、そこをきちんと指導していくことが、クラスをつくっていくコツなのではないでしょうか。

日直と係活動はプライドをもって行うようにする

「起立、気をつけ、注目、礼！」

日直の号令が響きます。号令に合わせて、子どもたちは自分の気持ちを整えます。この礼にはとても大きな意味があります。学校教育の中では規律ある生活を送らせることが、何より子どもたちの安全な生活を確保することにつながります。

そして、日々の生活の進行役として、子どもたちに日直、あるいは係活動をさせることはとても意義があります。

まずは、日直。これは、基本的に二人組にします。どちらかが主導権を握ることにもなりますが、**お互いが協力、協調、分担して仕事を行うことに意味があるからです**。

また、日直には**日直日誌をつけさせます**。日直日誌には、日直の仕事（やるべきこと）を、チェックリストとして書いておきます。具体的には次の通りです。

①　窓を開けて、新鮮な空気を教室に入れる
②　黒板を確認して、チョークを揃える
③　机の整理整頓
④　床のゴミの確認

⑤　朝礼に間に合うようにグラウンドに出るように声をかける
⑥　朝の提出物、宿題を揃える
⑦　配布物を配る
⑧　全部確認ができたらグラウンドに出て朝礼に参加する

「日直は、その日の代表である」

子どもたちには、プライドをもって仕事をこなすように指導しましょう。

次に、係活動。これは、複数のグループで活動させることで、**お互いの協調性を育むと同時に、自主性を身に付けさせることができます。**学習活動にも言えますが、「自分から行うこと」が大事です。

私は、子どもたちにすぐに係活動をやらせることはありません。その前に、学級目標を設定すること、それを子どもたちに具体的に示してあげることが重要だと感じています。例えば、学級目標が「世界一のクラスにしよう！」に決まったとしましょう。その上ではじめて、「では、世界一のクラスにするためにはどんなことをしたらいいかな？」と問いかけます。学習でも遊びでも、特別活動でも同じことです。係活動の話をする前に、様々な意見を聞いてあげます。

「しっかりと勉強することです」「テストで100点をとることです」「ケンカをしないで楽しく遊ぶことです」…。子どもたちから挙がってきた意見を板書して、私は言います。

「では、そのために手伝ってくれる人はいますか？」

全員が一斉に手を挙げてくれます。そこで、私は具体的に聞いていきます。

「しっかり勉強するためには、どんな係が必要かな？」「学習係が必要だと思います」

「ケンカをしないで楽しく遊ぶためには？」「遊び係がいいかな」

このように、一つひとつの係を皆で創出してクラスを構築していきます。**あくまでも、先生主体ではなく、子どもたちを主体にします。先生が勝手に決めた係を押しつけても、子どもは責任感をもちません。**

係活動は、継続して行うことで意味が深まってきます。子どもたちの自主的な活動を正しい方向で進めるためには、しっかりとそのゴムを引っ張ってあげることです。準備をして思い切り引っ張ってあげたゴムは、手を離した後はその距離を伸ばして飛んでくれるはずです。

朝の会は教師主導で、帰りの会は子ども主導

「おはようございます！」

みんなの声が教室に響き渡ります。子どもたちの元気のよい挨拶を聞いていると、これから始まる一日に身が引き締まります。

朝の会は、どんなことをしたらいいでしょうか。

日直に司会をさせたり、発表スピーチをさせたり、今日の予定を知らせたり…。短い朝の時間でできることは限られています。

私の場合は、**日直の号令の後、ほとんど私だけが話をします。**

例えば、月曜日であれば、全校朝礼があるので、校長先生のお話を話題にすることが多いでしょうか。せっかく私たちのために校長先生がお話をしてくれたことの確認と同時に、それについてどう思ったかと聞くようにしています。そして**子どもたちには、「しっかりと聞いていた子だけが、しっかりと考えることができるんだ」と言います。**

朝礼で話があった日の朝の会では、私がいつも「では、皆さんはどう思いますか？」と聞くので、子どもたちも自然と朝礼では「聴く」態度がよくなってきます。

【聞く】から【聴く】へ、朝の会のちょっとした一言で教室も、朝礼も態度が変わってくるわけです。

一方、帰りの会は、どうでしょうか。

帰りの会については、ほとんど**子どもたちに運営を任せています。**

最後にちょっと話をする以外は、着替え、帰りの準備の指示、帰りの会の開始時刻、運営まで日直と学級委員に任せています。帰りの会では、日直が司会役、学級委員や各係がサポートをして進めます。子どもたちは、全員が帰りの身支度を済ませて参加します。しっかりと前を向いて、他のことはさせません。

ポイントは、**「できるだけ、教師が指示していたことを少しずつ、子どもに言わせるようにシフトしていくこと」**です。

子どもたちの間できまりを決めさせ、それを守っていこうという心構えを育てていく。クラスの実態、子どもの力量に合わせて運営を学ばせるといいでしょう。

2年生になると、集団で活動することに慣れてきています。ですから、子どもの動きもスムーズに見えます。しかし、ここで気をつけなければいけないことは、子どもたちの活動が活発に見えてきたときに、さぼる子が必ず出てくることです。一部の子どもが率先して動いているだけで、他の子は全くかかわらないということが出てきます。

こんなとき、私は**日直の眼を使います。**

「日直さんはその日の第二の先生です！」と言って、「日直さんは、その日、みんなの活動をしっかりと観ていてください。帰りの会では、それぞれ二人、優秀者を決めて発表をしてください」とお願いするのです。

朝の時間は、教師主導で、クラスの様子、児童の雰囲気、落ち着き、健康状態、気温などを教師の眼で観ます。

帰りの会では、児童（日直）主導で、子どもの眼で発表させます。子どもを前に出すことで教師として一歩下がって子どもたちを観ることができるのです。

これを続けていくと、子どもたちの交友関係が見えてきます。教師と違った視線を感じることもできます。

「ああ、あの子は最近このグループの子と交流しているのだな」と自分の思ったことと違った情報も得ることができるのです。

2年生の教室の交友関係は日々変化していきます。その空気をしっかりと感じるために、教師の観る眼の場所を変えて、アンテナを張り巡らせてください。

学級会で子どもたちを「観る」

朝の会は教師主導、帰りの会は子ども主導で運営していると、普段の学級会も変わってきます。

私のクラスでは、週に一度学級会が開かれます。ここでは、学級委員が司会・進行を務めます。私は**当日の休み時間に、学級委員二名、そして副学級委員とその日の議題や最近の話題、気付いたことを話し合います。**

毎月のクラス目標、係活動の話し合い、最近のみんなの様子、授業中の様子など様々な議案が出されます。ある程度みんなで話し合った後に、運営の仕方やポイントをアドバイスして後は任せます。

学級会の時間、私は運営の方ではなく、**参加している他の子どもたちの様子をしっかりと観察しています。**誰がはじめに発言したか、手を挙げている子は誰か、しっかりと聴いている子は誰かをチェックするのです。一方、集中していない子、他のことをしている子は、私ではなく、副学級委員がチェックしています。

学級会が終わった後、今日の話し合いチェックの発表があります。副学級委員に注意された子は、すまなそうに反省をしていました。私は、その反省した子を次の会のときに気をつけて観ます。しっかりと聴けたときに褒めてあげるためにです。

小学校教育は低学年が大事

初任のとき、3、4年生と持ち上がったクラスのことを思い出すと、いつも申し訳ない気持ちで胸が締め付けられます。

当時の私の授業は、子どもたちが喜ぶことが一番だと思って、ただ教科書通りに進めていました。子どもたちも二十代の若者とただ一緒に楽しんでいただけの感じがします。結果、私は「教えること」と「学ぶこと」という二つのことをないがしろにして指導していました。

その後、私は1、2年生の担当になりましたが、今思えばそれが教師人生にとって多くのことを学ばせてくれたように思います。中学年の子どもたちは学校生活を知っているので、前年までのルールの上に乗った学級づくりができます。

しかし、低学年はそういきません。特に1年生は、真っ白な用紙にどんな道具で何を書いたらいいかということさえわかりません。ですから、子どもたちは教師の一挙手一投足を観ています。その方向性が少しでもずれると、子どもたちはバラバラになってしまう…。それが低学年の学級経営なのです。

1、2年生の担任が続いた後、私は5、6年の高学年の担任と算数指導を任されることになりました。この時期は教師10年目を超えたあたりで、少しは自信が出てきた頃でした。しかし、ここでまたしても壁にぶつかることになります。

教師は、実は孤独な作業を強いられる職業だと思います。自分のことを絶えず自分自身で評価しなくてはいけません。うまく授業がいったかどうかも、その後の自己反省に委ねられます。甘い判定ばかりだと自惚れるし、辛い反省ばかりだと自信を失うでしょう。

私は、低学年で子どもたちが自分についてきてくれること、自分の出す指示で動く子どもたちを見て、いつの間にか判定が甘くなっていました。自信を得たつもりで高学年の算数担当になっていたのです。

しかし、低学年のときと同じやり方で高学年を指導しようとしたのは、大きな間違いでした。みんながついてきてくれると思った私の指導は、高学年には通用しませんでした。というよりも、私は子どもを度外視した指導をしていました。

高学年の子どもたちは、もう大人の考えをしてきます。教師、大人に反抗する年代に入ってきています。そのことに私は全く気付いていませんでした…。

教師生活を送っていると、自分の年齢と子どもたちの年齢に差ができ始めてくることに気付かなかったりします。その世代の差に早く気付かなくてはいけません。

また、学校における自分への期待値もどんどん変わっていきます。そのときに、「これくらいでいいだろう」「昨年と同じで大丈夫だ」「なんとかなるさ」といった気持ちが一番危ないと思うのです。それを乗り越えて、自分の指導を振り返り、もう少し教え方が上手になりたい、他の指導法はないかと、絶えずアンテナを張っていく地味な修業を続けていくことが大事になってきます。

今、多くの経験を経て改めて思うのは、やはり低学年の教育は大切だということです。子どもたちの学習の取り組み方、生活態度など、あらゆる土台を築くのは低学年です。そこをいかにきちんと指導してあげられるかが教師として重要な任務になると思っています。

第３章

子どもが落ち着く生活指導のコツ

一日一日を生き生きと生きる

「教師にとって一番大事なことは、なんでしょうか?」

私の考え、結論はここ十数年変わっていません。それは、**ベストの状態で子どもの前に立つこと**です。そして、そのために教師が心がけることは、**十分に休む**ことだと思っています。教師は生の子どもたちの前に立って指導する職業です。だからこそ、リフレッシュして常に新鮮な気持ちで子どもたちの前に立つことが大切なのです。

以前、将棋の羽生善治さんに「教育界に、教員に何か羽生さんからのメッセージはございますか?」と訊ねたときに、次のような言葉をいただきました。

「一日一日を生き生きと生きる」

棋士は、盤を挟んで対局相手に向き合います。相手に勝つこと、少しでも局面の先を読むことに没頭します。このとき、勝ちたい、負けたくないという気持ちが一番危険だともいいます。人の思いが、欲求が、邪念が入ると、局面を冷静に判断できずに自分本位の読みをしてしまうのです。この言葉を伺ったとき、私は羽生さんは盤を前にして常に新鮮な気持ちで「生き生きと生きること」を大事になさっているのだなと思ったのです。

教師自身が、不安定な気持ち、状態で子どもたちの前に立つことが一番ダメなことです。大切にしなければならないことは、新鮮な気持ち、生き生きと生きることなのです。

子どもに立ち止まる時間を与える

私が勤めている暁星小学校はカトリックを信仰しており、毎朝始業の祈りというのがあります。子どもたちは手を合わせ、目を閉じて黙想します。静寂な空気が全体を包みこむ、この祈りの時間は、**私たちの生活で失ってしまったことを教えてくれます。**

私は祈りの時間以外でも、よく子どもたちに「黙想！」と投げかけます。子どもたちには、この**黙って行うことの意義を考えさせたい**からです。低学年の子どもたちは、自発的に時間を取ることが下手です。多くの子が、毎日立ち止まることなく突っ走っているように生きています。

特に最近の子は、絶えず興味関心の目で物事を見ているように思います。関心あることにはすぐに飛びつき、対応できます。常に動いていると言ってもいい。おもしろいこと、ちょっとしたことでもよく笑い、そして、もっとおもしろいことを探す…。

これはきっと、ＴＶやインターネットの影響が強いのではないでしょうか。最近のＴＶのＣＭなどを観ていると、ものすごい勢いで画面が変わり常に情報が流れてきます。この瞬時に変わっていく映像の氾濫に子どもたちは慣れてしまっているのかもしれません。

何かに反応するのは悪いことではありませんが、たまにはもう少しゆとりをもって過ごしてほしい。だからこそ、黙想を大事にしたいと思っています。

自分を振り返る時間をもつ

一方、教師にも同じことが言えます。

現代社会は、絶え間なく動き続けている時間という歯車の中で回っているようです。学校でも、常に次に何が起こるかを予想して、その対策を立てていないと務まりません。

また、パソコンやスマートフォンなど、通信機器が発達したお陰で私たちの生活は便利になりましたが、一方で忙しさが降ってくるような感覚にもなります。やらなくてはいけないことが目白押しで、立ち止まるゆとりがなくなっている自分に気付きます。**自分を振り返る時間がどうしてもないがしろにされてしまう**のです。

「あのとき、あの発問でよかったのか」「子どもの反応をもう少し待った方がよかったかもしれない」「あの指示の出し方で果たしてよかったのか」……

あるいは、授業が盛り上がったときのこと、よかった点なども確認しきれずにその日を終えてしまうこともあるかもしれません。

祈りの時間は、そんな自分を立ち止まらせて考えさせてくれます。コーヒータイムやちょっとしたお茶の時間でもいいので、自分の授業を振り返るゆとりをもちたいものです。

いつも謙虚な気持ちで周囲を見る

教師という職業は特別なものがあります。まずは、「先生」と呼ばれることです。33年間教師生活をしていてどのくらい「先生」と呼ばれたでしょうか。数え切れないそのシャワーを浴びてきて失っていくものは、やはり謙虚さではないでしょうか。

若いときは子どもたちをコントロールできなかったりするので、自分のふがいなさを感じて自信喪失することが多いものです。しかし、ある程度年季を重ねていくと、なんとか教師生活を送れるようになります。そして、そのことに慢心してしまったりします。

そこで一踏ん張り、**プロの教師を目指すか、そのままの状態で過ごすか…が分かれ目になるのです。**

人間は誰でも成功すると有頂天になり、失敗すると反省をするものです。教師も生身の人間、そして目の前にいるのはまだ幼い子どもたちです。その一人ひとりの将来の方向性を決めるかもしれない大事な時期を任されているのです。

先生と呼ばれていることで背筋が伸びて自分を律することが大切です。そして、絶えず謙虚さを失わないことも必要になってきます。教師が必要なことは、心理面での安定でしょう。常に子どもたちの前に立つときはベストの状態でいたいものです。堂々と立ち、その後は謙虚にまわりを見る眼が必要になってくるのです。

クラスが荒れたときは子どもの力を借りる

クラスが成長をしていく中で、たまに荒れるときがあります。いつも通り子どもたちに丁寧に対応をしているのに、「なぜだろう?」と考えることが多くなってきます。「子ども目線で、彼らとちゃんと向き合っているのに…」

その悩みの原因のほとんどは、**子どもの成長を考えていない**ことにあります。

私もかつてはそのことに気付かずに、つい「先生がこの前言ったのに、なんでわからないんだ!」と語気を荒げてしまったことが数々ありました。

しかし、それは子ども側から見ると「また、先生のお説教が始まったよ…」という思いが強くなっています。よって、聞く耳を貸さなくなるのです。

結果、次第に教師と子どもたちとの距離が開いてくることになります。クラスの空気が淀んできます。

そして、授業中ではわからない子どもたちの闇が、休み時間に現れ始めます。もちろん、クラスをよくしようと頑張る子どももいますが、担任は特定の問題児だけの指導に時間をとられ、そこまで目が行きません。

そのため、せっかく頑張っている子がいるのに、その子がないがしろにされてしまうことになります。そうなると、子どもたちの本来もっているやる気と意欲がなくなり、クラスの活気が失われていくのです。

さて、あなたが担任だったらどうしますか？

荒れたクラスを修復するのは、風邪の対策と同じです。早めの対応が肝心です。

まずは、**子どもの力を借りることです。それも普段は目立たない子**です。

あまり発言は多くはないが、しっかりと聴いて授業に参加している子がクラスには一、二人はいるものです。その子に声をかけます。そして、その日の特別日直になってもらうのです。

「今日は○○君に、特別日直をやってもらいます！」

と言って、普段は教師から伝えていた連絡事項を、朝の会や帰りの会で発表してもらいます。

すると、どうでしょう。普段の連絡ではなく、子どもからの伝言に子どもたちは耳を貸すようになります。ここでのポイントは、**子どもの力を借りることで、教師の指導範囲を徐々に少なくしていくことにあります。**

荒れたクラスでそんなことをしたら、子どもたちはさらにふざけて統率がとれないのではないかと思われる先生もいるでしょう。

しかし、それは違うのです。教師が押さえよう、押さえようとすればするほど、子どもたちは逆に反発したり、離れていったりするものです。

要は、学級が成熟するにつれて徐々に教師の指導範囲を少なくしていくことが大事なのです。

そして、もう一つ。クラスが荒れると、どうしても先生は自信をなくしたり、自分を見失ったりしてしまいます。自信がなくても、翌朝はまた子どもたちの前に立たなくてはいけません。子どもたちは自信のない教師をすぐに見破ります。

2年生と言えども、「あの先生はだめだな…」という態度をとるようになります。もちろん、厳しい先生だから、言うことを聞くのではありません。

その先生との信頼関係、尊敬の気持ちがあるかどうかで教師としての勝負が決まるのです。なので、クラスが荒れても決して下を向かず、**尊敬されている先生の言葉を子どもたちは聞きたがっているという顔で向き合いましょう。**そのために、常に堂々としていることが大切です。

給食は黙食で

私のクラスでは、昼食の時間は「黙って食べる」つまり、「黙食」が基本です。

教職25年が過ぎた頃でしょうか、ある先生の持ち上がりのクラスを担任したときのことです。子どもたちが、食事の時間、皆一言も話さずにとても静かに食べていたのです。

当時の私は、「食事の時間は、楽しく会話しないと学校ではない！」と信じていたので、はじめは「黙食など、子どもの自然の姿ではなく、強要している。もってのほかだ」と思っていました。

しかし、実際に黙食している子どもたちの様子を見ていると、「なかなかいいな」と思いました。長い学校生活、子どもたちはいつもワイワイしています。**だからこそ、食事の時間だけはあえて静かにすることで、心を折りたたんで過ごすことができる**のではないかと思ったのです。もっと言えば、**食事をつくってくださった方に感謝しながら食べる**ということ、**午前中の自分の行動を振り返る貴重な時間になる**ということを感じたのです。

また、子どもたちにしてみれば、黙って食べて食事の時間を短く済ませることで昼休みを長くすることができます。

それ以来、私は黙食を続けています。子どもたちも静かな空間で気持ちよさそうに過ごしています。

自分格言集のススメ

新人教師時代は、なんの準備も心構えもなく、ただ子どもたちの前に立っていました。そのため、何をしていいのかわからず、ずっと悪戦苦闘の日々を過ごしていました。あのときは、若さと勢いだけで子どもたちに対峙していたと自分が恥ずかしくなります。自分の思いと、子どもたちの思いが食い違い、「どうして何度も言ったのにわからないのか！」と、声を荒げてまた子どもたちとの距離が離れていきました。

このままではいけないと思った私は、まずは自分の今までをすべて捨てることから始めました。すると、自分のまわりには多くのお手本がいることに気付きました。それから私の教師ウオッチングが始まりました。**気付いたことをメモして、録音して、家に帰って短い言葉に書きまとめました。**それが、私の教師格言集です。

誰のためにではなく、とにかく日々の子どもたちの生活や、そのときの教師の言葉、振る舞い、子どもたちの動かし方など先輩教師の動きと言葉で気付いたことをメモ（録音）して自分なりの短い格言として書いていきました。

格言は、そのときの**自分の心理状態を振り返るのにとても役に立ちます。**皆さんも自分格言集を書いてみてください。きっと新しい発見があり、明日の授業への意欲になると思います。

おみくじメッセージで保護者会

保護者会は、担任にとってもとても保護者にとってもとても大事な時間です。しっかりと、準備をして臨みたいものです。

担任として「どのような学級づくりを目指すのか」「それはなぜか」を、子どもたちの学校での様子を話しながら伝えます。私の場合は、**保護者には教室で実際に子どもの気持ちになってもらうように模擬授業形式で行っています。**

保護者の願いや思いも汲み取りながら、学校の方針、今子どもたちに私たち大人がどんなふうに向き合えばいいのかということをメインテーマにします。

では、具体的にどう伝えればいいでしょうか。私のやり方をご紹介します。

まずは、事前に子どもたちに「幸運を呼ぶ？　2年生特別おみくじ」なるものをつくってもらいます。彼らには「いいかい。これを引いた人が気持ちよくなるおみくじをつくるんだよ」とお願いして、おみくじとなる折り紙を配ります。

子どもたちは、ニヤニヤしながらとても楽しそうに折り紙を眺めます。お母さんのことを思い、みんな笑いながらメッセージを書いていました。もちろん、誰のお母さんが引くのかわからないので、「子どもに優しくすると、きっといいことがあるでしょう！」といった半ば願いをこめて書いている子もいました。

さて、できあがったおみくじは、箱の中に入れておきます。そして、保護者会で保護者の方に引いてもらいます。

箱の中に詰まった色とりどりのおみくじを見て、保護者は嬉しそうに手を入れます。そして手にしたおみくじに何が書かれているのか、子どもたちはいったい何を願っているのかを皆で考えてもらいます。

おみくじを開く。すると、子どもたちからのかわいらしいメッセージに、保護者の顔もつい綻びます。皆がほっこりしたところで、私は言います。

「では、このクラスが世界一のクラスになることを願って、おみくじを投げましょう」

私のかけ声とともに、一斉におみくじが宙に舞います。

落ちたおみくじは、もちろん拾います。急いで拾ってもらい、拾えない人にも一人ひとつ拾えるようにお互いで助け合います。

渡した方は「はい、どうぞ！」、もらった人は「ありがとう！」と声を掛け合います。

「はい、どうぞ」「ありがとう」の声が教室に響きます…。

この実践は保護者会でもやりますが、実際に**クラス開きで子どもたち相手に行ってもおもしろい**です。

保護者会が終わった後、きっとお家でこのおみくじを投げたこと、拾ったこと、「はい、どうぞ」「ありがとう」の実践を話し合うことでしょう。

教室の実践が家庭につながるようなことを絶えず意識して、教師は授業をする必要があると思います。特に1、2年生は、子どもから保護者へと学校教育の意図、教師の教育観を伝えることが大切です。このおみくじも、学校、保護者、子どもたちを結ぶ縦糸、横糸なのです。

保護者の方もおみくじに想いを乗せて、子どもたちとの見えないキャッチボールをしてくれます。

「みんなで子どもたちを見ているよ」というメッセージを共有することが、本当のねらいなのです。

「伝える力」と「将棋」

「みんな、将棋をやってみてどうだった？」

「勝ったときに、とても嬉しい気持ちになる！」

「そうだよね。では、負けたときは？」

「…とても悔しい気持ちになる」

「なるほど…君はきっと将棋が強くなるよ！」


ある日の教室での会話。私は子どもたちに将棋を教えていました。子どもたちは皆、将棋という古くからあるにもかかわらず、とても奥深い遊びにすっかり夢中になっていました。

今、子どもたちの中に変化が現れ始めています。昔はあったものなのに、いつの間にか失われてしまったもの。頑張る気持ち、自分の負けを認める勇気、相手の気持ちを察する心、じっくりと考えるゆとり…。

「今、なぜ将棋が注目されているのだろうか？」

子どもたちの中に何かが起きているように感じます。

物があふれる現代社会、コンピュータで処理するデータ量が増えれば増えるほど、情報という渦に飲み込まれていく大人たち、そして子どもたち。大人でも必死なのに、子どもたちはいとも簡単に機器を操り、携帯電話でのつながりや、その利便性の波を上手に乗りこなしているように感じます。

以前は普通にもっていたものが着実に失われていることに気付き始めた近年、将棋の教育的意義、その効果が注目されているのは、やはり人と人とが対峙し、盤面を挟んで思考の対話をするからではないでしょうか。

便利になり、速度と効率だけを求め続けてきた社会で失ったものに気付き始め、教育の世界でも子どもたちのコミュニケーション力が課題になり始めました。

いわゆる「伝える力」が今、教育のテーマになっています。一人ひとりの能力を育成する、伸ばすことだけに必死になっていた教育界にも、「いやそれだけではだめだ。自分が獲得したものを上手に人に伝え、教える、伝え合うことこそ学校教育のもつ本質だ」と、原点に返っての出発が提唱されていると思います。

それが、この81マスの小さな盤面に広がる「将棋の小宇宙」に注目が集まってきている理由にもなっている気がします。

「考えることをしなくなった現代」に警鐘を鳴らし、必死に一つのことに取り組むこと、考える姿から学ぶこと、伝え合う力、教え合う素晴らしさ、そして「負けを認めて前に進む勇気」を今の子どもたちに育みたいと思っています。

第4章

授業が変わる学習指導のコツ

ちょっとした小技で授業が変わる

プロの教師は様々な技をもっています。常にいい授業を目指そうとする教師、他の教師から教えてもらおうという謙虚な気持ちをもっている教師だけがその技に気付きます。

若い頃、私はよく「どうして、あの先生の授業では子どもたちが集中して話を聞くのだろうか？」と疑問に思ったものです。そこから、私の教師ウオッチングが始まりました。

国語の授業などで子どもの前に立ち、発問をします。普通は、子どもの手が挙がるのを待ったり、子どものつぶやきをとらえたりします。でも、ときには**発問をしてすぐに板書し始めてもいい。そうやって子どもの思考の時間を確保することで、授業が引き締まったりします。**他にも板書するときに、ただ黙々と書き込む、書きながら話す、途中で振り返ってまた書くなど、いろいろな技があります。

チョークを持つ手も注目です。板書を縦書きで書いていると、利き手は段々と下がります。下手をすると、自分の目線より下がって書くこともあるでしょう。しかし、それではチョークが教師の体で隠れてしまい、子どもがノートを取りづらくなります。

逆に**「チョークは目の上」と意識して板書を進めると、子どもの目線がそれにくくなります。**チョークを見ている子どもの視線を絶えず意識した板書を心がけることで授業が変わってくるかもしれません。

「授業カルテ」で子どもの指名を振り返る

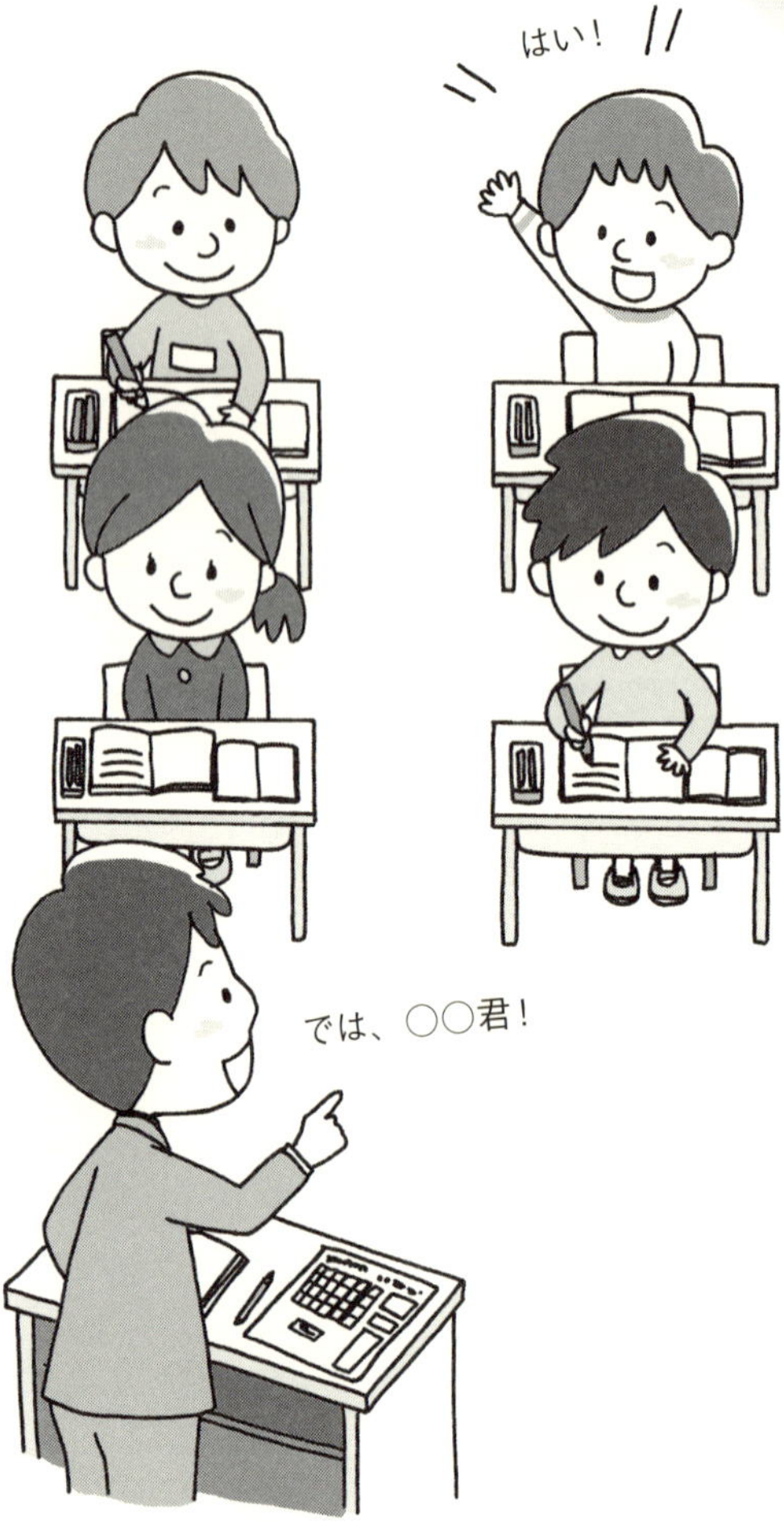

前述の教師の立ち位置と同時にもう一つ大切なのは、指名の仕方です。**「指名をするときは、多くの子とその指名の子の間に挟まるように位置を変える」**など、教師の基本位置は大切です。

新人時代に私がやっていたことは**「授業カルテ」の活用**です。これは、座席表と授業案が一枚の紙に印刷されたもので、1時間の授業に1枚このカルテを手元に置いて授業をします。そして、指名をした子には○印をつけていきます。1週間の最後には、このカルテを見て振り返ります。

すると、**1週間に1回も指名していない子が数多くいることに気付きます。**愕然とした私は、その日からあえて指名をしていない子に声をかけるようにしました。

これだけでも、教室の雰囲気ががらりと変わりました。普段あまり喋らない子が授業中に意見を述べるようになると、子どもたちの聴く姿勢に変化が表れたのです。

みんなも興味津々でその子の意見を聞いてくれます。そんなちょっとした緊張感のある空気の中、その子は辿々しくも最後まで話します。

私は、そのはじめて意見を言えた子のそばに近寄って頭を撫でて握手します。他の子どもたちは拍手。クラスがまた一つ成長したことを実感した瞬間でした。

最初に板書を考えてから授業をイメージする

私は新任のときから10年間、毎日の授業指導略案をつけていました。毎日ですから、一年間だとかなりの厚さの冊子になります。

これは、後で見直すためのものではありません。ただ、続けていくと、自分の指名の癖や授業のパターンなどが嫌でも見えてくるようになります。

一方で、授業指導略案を続けているうちに、まずは板書を考えてから、授業の展開を考えると、とてもよいシミュレーションができることに気付きました。授業の板書をイメージしながら、子どもたちの前に立つ。すると、自分の中でゆとりが生まれるのです。

このときに大切なのは、**ゴールを目指す授業を描きつつ、子どもたちに授業の舵取りをさせる**ことです。先が見えている教師とどこにたどり着くか不安に思っている教師では、どうしても子どもの反応が違ってきます。

授業は山登りと同じです。山頂が見えていると、その道のりに適切な休憩所を設定することができます。鋭気を養ってゴールの山頂を目指せば、全員が山頂にたどり着けます。ただ「頑張れ！」と声をかけているだけでは、全員を導くことはできません。

しっかりと板書を頭に描ければ、その道のりがたとえ遠回りに見えても、「ゆとり」をもって迂回する授業ができます。その過程＝展開を楽しんで授業を進めてみてください。

授業後の板書消しが次時につながる

板書を見て、授業の内容がひと目でわかるのが、素晴らしい授業だといわれます。板書がきちんとしていると、教師にとってもその授業の計画が頭の中に把握されて展開した証拠にもなります。もちろん、生身の子どもとのやり取りですから、板書だけがすべてではありません。しかし、その意識は常にもって授業に臨みたいと思います。

授業が終わって、自分が書いた板書を消すときの休み時間。このとき、三つのことを意識します。

一つ目は、**授業後の子どもたちの声を背中で聞く**こと。

二つ目は、**次の授業の展開・計画を考える**こと。

三つ目は、**自分の気持ちを落ち着かせてゆとりの時間を生み出す**こと。

板書を消しながら、この三つを意識しておくと、次の時間への入りがスムーズです。

また、板書をしていると、この瞬間の子どもの視線がどうなっているか気になります。特に大事なことを書いているときは、子どもの視線がこちらを向いているか否かで、その授業の勝負が決まったりします。

ですから、そういうときは、**チョークを止めて振り向いてみてください**。子どもたちは教師から見られることで、もう一度集中のスイッチが入ることでしょう。

ノート指導は特別製の「ケロちゃんシール」

文字の書き方を指導すると、ノートの書き方が変わってきます。子どもたちは、自分の書く字に自信をもつと、ノートもしっかりと書くようになるのです。しかも、そのノートを見るのは子どもたち自身。自分の字を見て、さらに自信を深めていきます。

私はノートで大切なことは、**きれいではなく丁寧だ**と思っています。もちろん、汚いよりもきれいに越したことはありませんが、きれいだけでは心に残りません。自分が何を書いているのか、きちんと意識しながら丁寧に書く。このことを子どもたちに伝えています。

さて、子どもたちがノートを使えるようになったら、次はそのノートを評価していきます。具体的には、**よく書けたことを褒めるシールを貼っていきます。**

私の場合は、前述したケロちゃんの写真と5段階評価を星の数で表したシールを貼っています。子どもたちはケロちゃんシールを貼られると、大騒ぎします。

「僕は星が三つだ！」「僕は二つ！」

そして、星五つの子には、多くの子が集まります。こうすることで、どんなノートがいいのかを間接的に伝えることができます。また、このとき星五つの子を、他の子が「すごいね」「よく頑張ったね」と褒めていたら、私はその子にも星五つのシールをあげます。

ノートが書けている子だけでなく、褒めた子にもシールをあげることがコツです。

テストでの間違いを宿題で克服する

2年生になると、テストについての意識も変わってきます。テストをするとすぐに自分の点数を聞きに来るようになります。おそらく家庭での会話が原因なのでしょう。「算数のテスト何点だったの？」という保護者の問いかけに、「○○点だったよ」という子どもの応え。こういったことが続くと、子どもはそのときの悔しさ、なぜ間違えたのか、どこがわからなかったのかという原因、分析ができなくなってしまいます。

2年生で大事なことは、**なぜ間違えたかという分析をしっかりと授業でも家庭でも行うこと**です。そのためには、テスト後の間違い直しをしっかりさせて再提出させます。また、テストで間違えた箇所は消しゴムで消さず、赤で直すことなどを指導していきます。

ちなみに、テストでいつもケアレスミスが起きる子の多くは、宿題に関係しているのではないかと睨んでいます。家庭で宿題についてどのように取り組んでいるかを面談で聞いていると、多くがなるべく早く、サッと片付けてしまうようです。家庭での時間も今は忙しくなっているので、保護者もつい「早くしなさい！」の連呼になってしまうようです。

そうならないためには、**宿題はストップウオッチのボタンで開始し、終了したらまたボタンを押すように家庭に伝えるのも一つの手です。**この緊張感の中で行うことで、テストのときも落ち着いてできるようになるでしょう。

読書の土台は「想像」と「読み聞かせ」

低学年では、読書の土台を築くことが必要です。ケロちゃん話は、その一環です。子どもたちとともにつくる創作童話のよいところは、**彼らの頭の中にスクリーンをもたせられる**ことです。

私の話を聞いて、その情景を頭の中で映像にしていく。これは、国語力を育成する上での基本です。

現代社会は、テレビやインターネットなどで映像が氾濫しています。無数の情報やヴァーチャルな社会は、子どもたちの生活にも確実に浸透してきました。だからこそ、子どもたちには、想像する力を育てていかなければいけません。

ケロちゃん話は、私と人形、そして子どもたちだけで繰り広げられる、きわめてアナログな世界です。話の展開が決まっていないので、**私が持ち出した話題でも、いつの間にか子どもがつくり上げた世界へと移っていきます。**その広がりは、無限です。そして、その広がりが、子どもたちの創造力を掻き立て、育てていきます。

実際、「ケロちゃんは海に行った」という話をした翌日、ある子が「そう言えば、ケロちゃんは山にも行ったんだよね」と言い出しました。

「そうなんだ。では、今日はその話から始めようか」

私が答えると、子どもたちは皆拍手。私が端緒となる話をすると、後は子どもたちが山でのストーリーを膨らませてくれました。

読書の土台を築く上で、もう一つ効果的な方法が**読み聞かせ**です。

これは、家庭環境が大きく関係してきますが、幼少期に絵本の読み聞かせをしてもらった子は、絵本がやがて本へと変わり、自分で読み出すようになります。

もちろん、低学年のクラスでも読み聞かせは必須です。ちょっと空いた時間があれば、絵本を読んであげるといい。

子どもたちが既に知っている絵本でも、教師が読み聞かせをすれば、彼らは次第にその本の世界へと没入していきます。

読み聞かせのポイントとしては、子どもの表情を見ながら、ゆっくりと情感をこめて読むこと。そして、時折、子どもたちに問いかけます。

「彼らは、この後どうなったと思う?」

「ごめんねって謝った!」

「仲直りした!」

会話のキャッチボールがさらに本の世界に深みをもたせ、子どもたちの想像力を膨らませていきます。

この積み重ねが、高学年になって文字だけの本を読んだときに生きてきます。自分が思ったこと、感じたことをきちんと表現することができるようになっているのです。

本を読んであげた後は、感想を聞きます。

「はじめて聞いたので、おもしろかった」と言う子もいれば、「先生が読んでくれた本、僕が思っていたのと少し違うかも」と言う子もいます。本の印象が変わっているのは、はじめて読んでもらった当時の自分と、今の自分が変わっているからでしょう。成長した分だけ、とらえる意義が変わってきているのです。

ですから、先生はできるだけ時間を見つけて、子どもたちに本を読んであげるといいでしょう。

作文指導の命はテーマ決め

私が2年生を担任していたときの作文コンクールのテーマは、「友達としたこと・友達のこと」でした。

自分が友達としたことの中から題材となる出来事を選び、そこから自分の考え、思ったことを綴った作品を書いてもらいました。それは生活科の「ぼくの8年間の成長」の本づくりへと続き、自分のまわりの環境を振り返るよいきっかけにしました。

さて、作文を書かせる上で、大切なことは**いかにテーマを決めるか**だと私は思います。

作文指導というと、どうしても「どう書くか？」ということばかりが取り上げられます。しかし、低学年の作文指導の命は「テーマをどう設定するか」なのです。

例えば、自分一人でコツコツと物事を進めることが好きな子が、友達と交流をもってみんなで物事を進めていく喜びを知った途端、ガラリと活動が変わる場合があります。低学年では、そういったことが多いのです。

2年生の担任の仕事は、その子たちをどうやって導いていくかの舵取りと言っていい。ですから、作文を書かせるときでも、注意深く子どもを観察します。彼らがどんな会話をしているのか、「子どもウオッチング」をするのです。

このときの教師の約束としては、**じっくりと聞いて、観て、子どもの世界に一緒に入る**

ことです。

子どもたちに受け入れてもらうためには、「先生も、入れてくれる？」と必ず、子どもたちに了承を得ましょう。子どもたちから、「いいよ！」と言ってもらったその輪の会話に入ります。

きっと子どもたちは、笑顔で仲間に入れてくれるでしょう。すると、子ども同士の関係も見えてきます。そうやって、彼らの世界を知ってから作文のテーマを決めるのです。

例えば、子どもたちが野球をしている遊び場に入ったときのこと。

普段、教室ではあまり発言がない子、教師からは目立たない子が生き生きと遊んでいる光景を目にしました。ポジションはキャッチャーです。大きな声を出してみんなに指示しているではありませんか。

合間に聞いてみると、その子は毎週末お父さんとピッチング練習をしているとのこと。そう、その子はお父さんのまねをしていたのです。遊びの中の子どもたちは教師の思っている世界とちょっと違うものです。その子の心の中が見えたような気がしました。

作文のテーマが子どもたちに合ったものであるかどうかは、実際に書かせるとすぐにわかるものです。

あえて言うなら、**「書かされている作文」ではだめで、子ども自らが「書きたい」と思うこと、自然に鉛筆が進んで書いていくこと**が低学年の作文指導の証なのです。

実際に作文用紙を配った瞬間、鉛筆の走る音だけが教室に響き渡ります。

「僕の成長を、多くの人が支えてくれている」

きっと子どもたちは、お家の人や先生方…そして、お友達とのこの2年間の交流の中で、多くのことを思い出し、書き出して、心に刻んでいくのでしょう。

「ケンカばかりしていた○○君、クラスは違うかもしれないけど、来年も一緒に遊びたいね」と、作文に書いていた子は、その後、元気にグラウンドでの遊びへと飛び出していきました。

漢字指導は語源から

私は、どの学年を受けもったときも、まずは「漢字が好きか、嫌いか」という観点でクラスを見ます。高学年を受けもったときに痛感したのは「漢字が嫌い！」という子どもが大勢いた事実でした。

「これでは、いけない。嫌いなものをなんとか好きにさせることはできないだろうか」

そう悩んでいたとき、福島で漢字の語源を研究されている書家の高橋政巳先生と出会いました。高橋先生は、私に言いました。

「『幸』の語源をご存じですか。実は、『幸』は手枷《てかせ》をはめられた姿を示しているのです」

人間にとっての幸せは人それぞれに違うもの。お金や名誉、やりたいことをする人生、人とのかかわりなどその人の尺度によって彩られるのが幸せかもしれません。

この「幸」の語源を知ったときの衝撃は今でも覚えています。このとき、私は「これなら子どもたちも漢字に興味をもってくれるかもしれない。よし、すべての語源を学んでみよう！」と決意しました。

そして、実際に**語源を話しながら指導していると、子どもたちから「漢字っておもしろい！」「国語の授業が楽しい」と言ってもらえる**ようになりました。

2年生の漢字指導は「漢字が大好きな子」に育てることだと確信しています。

生活科の三つの柱「自分」「友達・社会」「自然」

総合的な学習の土台とも言うべき、低学年の生活科。子どもの生き生きした活動や主体的に取り組む姿勢、学びを発見する楽しさなどを子ども同士で試行錯誤しながら体験することが大きな目的になっています。そのためには、「自分」「友達・社会」「自然」という三つの柱を意識することが大切になります。

「自然」とは、子どもたちが生活する環境の中で、四季の移り変わりを通して、その中での変化に気付き、そのよさを知り、自分の生活に生かすこと。「友達・社会」とは、自分を取り巻く人たちの存在に気付くこと、自分だけで生きているのではなく、自分のためにたくさんの友達、社会で働く人々がいることを知ることによって自我が目覚めていくこと。「自分」とは、活動を通して、自分の成長に気付き、そのまわりの家族や自然、友達、社会などへの感謝の気持ちを育むことです。

指導から支援への教師側の指導の視点の変化が、生活科から総合的な学習の大きな流れになっていると思います。このことは言い換えるならば、「子どもをよく観て、子どもの中から授業を展開していくこと」「人との触れ合いの中での学び、子ども同士の交流、または自然、社会との接点の中で、生きた学習体験をさせること」、そして、「一つの目的に向かってみんなで協力し、自己実現をしていくこと」ということになります。

生活科①

多くの人に支えられてきたことを実感させる

2年生の生活科に「大きくなったわたし」という単元があります。

この年頃の子どもたちは、自分のまわりの状況、友達、自然、社会、そして保護者や先生などと自分を別に考える力がついてきます。ですから、生活科の三つの柱である「自然」「社会（環境）」「自分」を大切にして授業の構想を練ります。

実際の単元では、自分が小さかった頃のことを保護者に取材するところから始まります。保護者は写真や実際のビデオを観ながら、子どもたちの取材に対応してくれます。

「僕は、こんなに小さかったの?」

「…おい、お前。意外とかわいいな」

生活科で始まった『ぼくの8年間の成長』の本づくりの子どもたちの会話です。

小さい頃のこと、写真探し、名前の由来、あのときの出来事…。2年生の子どもたちにとっては、お家の人から思い出を聞くことで、大切なことを学ぶことができます。

「僕の名前には、こんな意味や、願いがこめられているのか」

きっとその子は、**自分の名前を次に書くときに、今までと違った気持ちで自分の名前と向き合う**でしょう。多くの人に支えられて今の自分があると、子どもたち一人ひとりが実感できる単元なのです。

子どもの会話の変化に気付く

2学期に入り、いつものように子どもたちに背を向けて板書を消していると、子どもたちの会話に変化が現れていることに気付きました。

「これ、僕が小さいときに使っていた座布団なんだ」「ふ〜ん、見せて」「ほら、ここに写っているだろう」「あっ、ほんとだね」「ねぇ、君のも見せてよ」…

1年生と2年生では会話の内容が違います。1年生は、自分のことで精一杯だったのが、他者との交流によってお互いを高め合う作業ができるようになります。これができないと、ただ自分のことを話すのみで、会話としては成立しません。そして、2年生はよりお互いのことを思って話すことができる、つまり、きちんと会話が成立するようになります。

前述の生活科「ぼくの8年間」の冊子づくりの取材の中で、子どもは両親の想いを実感します。まさに**自他の違いを感じて、自分を見つめる眼、他人から見つめられる眼を意識し出します。**そして自分以外の友達の一人ひとりが大切な存在なのだと気付きます。

子どもたちは、自分のまわりにいる人の支え、存在の意義を意識し始めます。同時に、ぶつかり合いが出てくるのもこの時期です。子どもの会話から、教師も子どもの見えにくい変容に気付き、適切な言葉がけ、見守りを意識してクラスを運営していくことが大切です。この会話が本物の心と心のキャッチボールになってくれたらと思います。

生活科② 遊びの中でルールを学ばせる

「…落ち葉の毛布、とても暖かかったよ。でも、ちょっぴり痛かったけどね！」

生活科の時間に子どもたちと公園へ行ったときのこと。みんなで落ち葉を集めてベッドをつくりました。すると、落ち葉のベッドに寝てみたいと、自然と列ができます。ベッドをつくる子と、順番を待つ子…。皆の会話が広がります。

「順番にお並びください。一人30秒だけ寝ることができます。落ち葉の毛布が必要な方はお声がけくださぁい！」

係を決めなくても、各自分担してそれは楽しそうな空間が生まれます。子どもたちは遊びの中で自然とルールを学んでいきます。そして、**ルールを守ることで仲間から評価されます。**よく観察してみると、大人社会の縮図そのものです。人の気持ちを察すること、きまりを守る正義感など、たくさんの要素が遊びにあります。

生活科のねらいの一つに、「自分を知ること」「他者を理解すること」があります。友達づくりの基礎を築く2年生はとても大事な時期なのです。

子どもたちが、手をつないで、色とりどりの葉やドングリを探している姿は、まさにこの1年間の子どもの成長を感じるひとときでした。葉の色がそれぞれ違うように、子どもたちも伸び伸びそれぞれの色に染まっていってほしいと思います。

金色の銀杏で思い出づくり

大銀杏の葉が薄緑色から黄色へと変化しています。その木のまわりをビニールを持った子どもたちが取り囲んでいます…。11月。生活科の時間に公園へ行ったときのこと。「秋を探そう」でビニール片手に自分だけの特別な秋を探していきます。

「運がよければ、１０００枚に1枚ぐらいで金色の銀杏の葉があるかもよ…」

「大きなドングリがある秘密の場所があるらしいよ」

などと、お互いに情報を伝え合いながらの公園探索が始まります。あちこちで子どもたちの歓声が響いています。1、2年生の二人のコンビでの散策。異年齢の交流は小学校生活でうまく取り入れていくことがとても大事です。生活科の目的にも通じる、お互いの成長を感じるひとときになります。

ある子は、その公園の名所である大銀杏を眺め、ある子は落ち葉のベッドに寝転んでいます。この後の授業では、公園や自分の家の近くで拾ってきたドングリや葉で自分だけのスケッチをつくります。世界で1枚だけの「秋をつくろう」のアルバムが教室に掲示されると、子どもたちの歓声が起こります。

しばらく飾った後、子どもたちはそれを大事に家庭に持ち帰りました。きっと各家庭で会話が弾んだことと思います。思い出のアルバムがまた一つ増えました。

効果抜群の九九指導

2年生の学習単元で最も重要な内容の一つが、かけ算九九です。子どもにとっては、算数だけでなく、他教科や日々の生活面でも使われることが多く、できれば2年生のうちに身に付かせておきたいところです。

とは言え、闇雲にドリルなどで反復練習ばかりをさせると、かけ算の意味を理解しないまま覚えたり、何より算数嫌いにしてしまいます。

私は低学年の算数で重要なのは、**「思考」「操作」「練習」**だと思っています。もっと言うと、**子どもたちにきちんとイメージさせてあげる**こと。話の内容や問題の内容をイメージしないと、次に進むことはできません。そして、そこから「思考」と「操作」へと入ることができます。

かけ算指導も同じです。昔、私が授業したときは、導入で具体物を用意しました。開始の礼を終えた後、私はズボンのポケットからおもむろにあるものを取り出します。

私が手のひらに置いた小さな箱を見て、子どもが叫びます。

「あ、それ知っている！」

「キャラメルだ！」

教室に広がる歓声とつぶやき。私はニコッと笑って、立方体の箱、サイコロキャラメル

色のサイコロキャラメルを取り出します。今度は別のポケットから違うを掲げます。そして、騒然となった教室の空気を見ながら、今度は別のポケットから違う色のサイコロキャラメルを取り出します。

さらに私は、次は胸のポケットから、もう一つ箱を出しました。これでキャラメルの箱は全部で三つ。子どもたちの視線は私の手のひらに集中します。私は皆の視線を意識しながら、箱を空けます。1つの箱から2個のキャラメルが登場しました。

そうです。これは、2の段の導入です。私は3個の箱とその中に入った2個のキャラメルで2×3の学習を行ったわけです。

その後、私は3の段、4の段、5の段でも、それぞれに合ったお菓子を用意して授業しました。具体物を用意して子どもたちの興味関心を引き、かけ算のイメージをもたせることでその理解を深めることができました。

ちなみに、大学生になった教え子から先日「先生に教えてもらった九九、あのとき確かお菓子使いましたよね！」と言われました。しっかり印象に残っていたようです。

また、あるときは九九の習熟を図るために、私の好きな将棋を使った実践も行いました。具体的には、将棋の大盤を使ったのです。

将棋の盤面はちょうど9×9の81マスです。そこに実際に**駒を置いて、面積図をイメージさせた**わけです。頭の中に数字だけでなく、面積図のイメージをもたせることは、高学年の学習にもつながります。

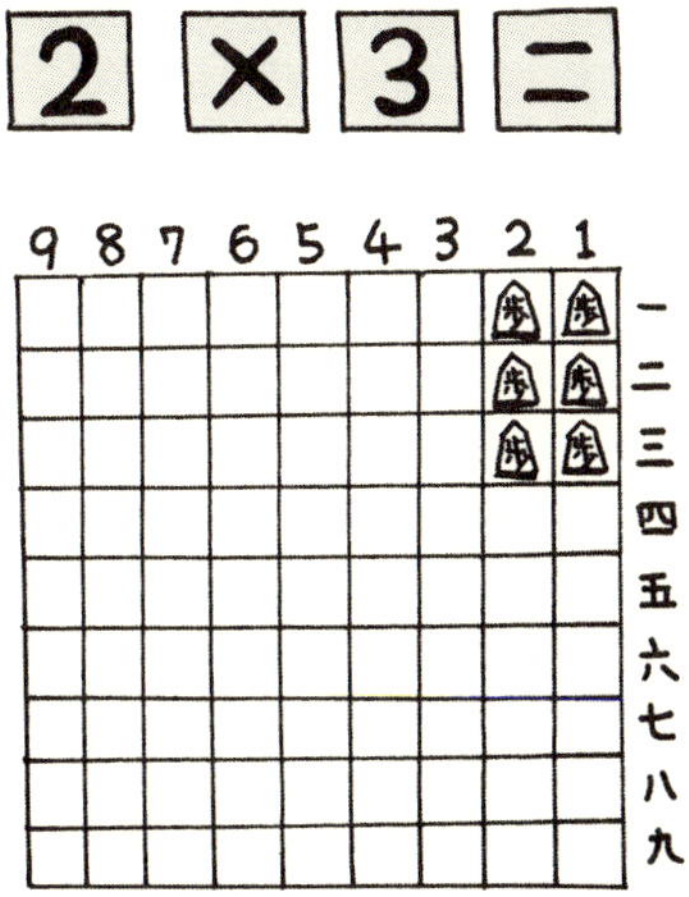

教師の仕事は学習内容をしっかりと教えることです。しかし、その内容の背景も意識して授業を構想すると、子どもたちの理解につなげやすくなりますし、授業をもっとおもしろくすることができるのではないでしょうか。

教育的効果の高い将棋の力

「お願いします!」

子どもたちの声が一斉に教室に響く。あとは、駒を着手する音と対局時計の音のみ…。

この空気、空間。これが「空気のドーナツ」です。将棋の対局室で実感したあの独特の空間を教室でも再現する。これを常に意識して私はいつも授業をしています。

教育改革が叫ばれる昨今、将棋の教育的意義に注目が集まってきています。実際に東京都教育委員会では、伝統文化の教材として将棋が検討され、実際に実施している高校もあります。

すぐにきれる子、我慢できない子が問題視される中、自分で考え、自分で決定すること、負けを認め投了すること、相手との無言の会話、年齢性別を越えて対峙するコミュニケーション力の育成など、将棋にはいくつもの教育的効果があります。

対局が開始されてしばらくすると「負けました」と投了する声が聞こえます。自分の負けを宣言する勇気を今の子どもたちに身に付けさせたい。感想戦を行った後、勝った子も負けた子もそれぞれ一緒に駒を駒箱にしまう。「ありがとうございました」の礼で一局を終えます。礼に始まり、礼に終わる日本の伝統文化と心を子どもたちに届けたいと思っています。

私は中学時代、将棋のプロ棋士を目指し、弟子入りをして修業してきました。当時の師匠である劔持松二九段から、「君は、挨拶がしっかりしているので弟子にとったのだ」と言われたことを鮮明に覚えています。

残念ながらプロ棋士になる夢は叶いませんでしたが、今でも将棋と向き合い、研鑽を重ねています。教師の仕事も考え方によっては、子どもたちの問答にどのように決断していくかの日々ともいえます。

将棋は様々な教育的意義をもっています。「お願いします」「負けました」「ありがとうございました」という三つの礼だけでなく、思考力、判断力、考える力など現代の子どもたちが失ってしまった大切な要素を内包していると思っています。

また、日本将棋だけがもっている「駒を再利用できること」での、指し手の無限の広がりも将棋の魅力の一つでしょう。

子どものうちに将棋を始めることで、「自分の考えを積み重ねていく地道な習慣が身に付くこと」、相手の指し手の意味を考えることで「自他共に精神的にも成長できる実体験」が自然にできることも大きい。

将棋は負けるととても悔しいゲームです。自分の負けを宣言し終了するゲームはそんなに多くはありません。しかし、その負けを認め、宣言し、そしてその後に行われる「感想戦」はとても意義深いものです。この負けを互いに検討する「駒を巻き戻すことができる」ことは教育の視点からも学ぶべきところがあります。

今まで、対局していた両者がその対局の最善手を模索する作業は、自己を高めていくやる気、次への勇気にも通じると思います。

教室の休み時間に自然と男女隔たりなく、将棋盤を挟む光景、また、近くにいる友達や家庭での親と子での対局風景、そして将棋のもつ教育的意義が広がり、子どもたちの生活習慣に落ち着きと、思慮深さが培われていったらと願っています。

あのとき、師匠の家の玄関先で、しっかりと挨拶をしたことで今の私があります。プロになれず挫折だと思っていたことでも、その後に生かすことができたのは、何事も一生懸命取り組んできたことは無駄にはならないと思ったからです。

教師の生き様を、生きてきた過程を、素直に子どもたちに語ってみてください。きっと子どもたちの眼が輝いてくることでしょう。

任せることで成長を促す

３学期。２年生もいよいよまとめの時期に入ると、子どもたちの成長を感じられるようになります。あどけなかった表情が少しずつ消えていき、自我が目覚めてきているのがわかります。

例えば、３学期の係活動を決めるときでも、私が「学級目標『世界一のクラスにする』を達成するために、どんな係が必要か話し合ってください。やりますか？」と問うと、「やります！」という元気のいい声が返ってきます。そして、皆が率先して話し合います。

ちょっとしたことでも子どもに任せると、彼らは自分たちでやっていこうという姿勢を見せてくれるようになります。それが、２年生の成長であり、この姿を見るために、**教師は子どもたちを信頼して任せるべきところは任せていきます。**

もし、うまくいかなくても構いません。そのときは、過程を褒めてあげればいい。大事なのは、「信頼している」というメッセージを託すことです。

「みんなが話し合おうとした姿勢は素晴らしい。さすがです。今度また任せるからね」

２年生には、自分たちがこれまでやってきた足跡を振り返らせることで、自分たちの進歩に気付かせることが大切です。そして、それを積み重ねていくと、同じことにも変化が現れ、次の学年への意識につながるのです。

2年生は小学校生活の第一の卒業

2年生は、小学校生活の第一の卒業です。

学校生活に慣れ、勉強にいかに取り組むか、授業で何を学ぶか、宿題のやり方、集団での活動など、様々なことを1年生で学んできました。その実践の舞台が2年生でした。いわば、本番の幕が上がり、その第一部の幕が下りるのが2年生の3学期なのです。

1年生のときと同様に、私は3学期が始まるとカウントダウンを掲示します。掲示板に**「2年生卒業まであと○○日」**と書いたボードを貼っておきます。そこには、下の部分に小さな字で**「3年生へ旅立て！」**とメッセージを書き込んでおきます。

3学期はあっという間に過ぎていきます。子どもたちの活動が力強さを増して、そのスピードが上がっていくように感じます。このときに気をつけてほしいのが、その集団に入り切れていない子がいることです。できる子だけが中心の授業では気付けない、学習に対する意欲がうすい子、集団活動の中でトラブルを生じやすい子などがその範疇に入ります。

そういった子を見逃さずに、できるだけ寄り添ってあげます。慌てず、焦らずに、その子のペースで成長すればいいことを伝えれば、子どもたちも安心します。

そして、任せるべきところは任せて、子どもたちの自立心を育てていきます。3学期の終わりに見せる子どもたちの笑顔の数が、教師への通知表になるのです。

おわりに

「なぜ、低学年に生活科があるのでしょうか？」

生活科が導入された初期の頃、私は教科主任として研究していました。今までにない新教科ではない、1、2年で完結する教科について、全国の教師が悩んでいました。各地で研修会が開かれ、たくさんの本が出版されました。多くの教師がそれらを紐解き、授業で試行錯誤したものです。

それは語弊を覚悟で言えば、「教え込む教育」から「子どもとともに学ぶ教育」への移行と言い換えることができると思っています。

つまり、教師の意識改革がその頃になされていたのだと感じるのです。教師が何をしたらいいのか、何を教え込むということではなく、常に子どもの実態、地域の特色、学校目標達成へのプロセスが見直されたのです。

今思えば当然のことですが、目の前の子どもを見ないで教育は成立しません。教師が目の前の子どもたちの実態を知らずに授業を行うことは言語道断です。

私の教員生活も34年になります。今でも、はじめて子どもたちの前に立つ自分が緊張していることに気付きます。この緊張感、胸の鼓動を感じることができるうちは、まだ担任としての使命が残されているのだと感じます。

若手の先生からはよく「でも安次嶺先生は、子どもの前に立った瞬間、いつも笑顔ですよね。そんなこと嘘でしょう！」と言われます。もし、その笑顔の秘訣があるとするなら、それは本書に書いていることを実践しているからかもしれません。

生活科が低学年で完結していることは、とても大きな意義が隠されています。小学生の6年間で、大きく成長をする子どもたち。その土台づくりがいかに大切であるかの証がそこにあるからです。

広く大きな土壌ができた子どもたちは、とても生き生きとしています。3月のお別れが近くなると、3年生の発芽に向けて広大な土地が盛り上がっていく様を見ることになります。広く大きな草原ができあがる、中学年になるその姿を思い浮かべて、後ろを振り向かずに、しっかりと前を向いて歩んでほしいと子どもたちの背中を押してあげてください。

教師の仕事は、地道なことの積み重ねです。結果を追い求めてはいけません。

子ども自らの成長を信じ、それを祈り、自分の仕事を反省することで成り立つものなのです。

「さあ、みんな、後ろを振り向かずに3年生へ胸を張って、いってらっしゃい！」

最後になりましたが、本書をお読みいただいてくれた皆様、ありがとうございました。本書の出版にあたりましては、全国の先生方のお便り、励ましの言葉、講演会でのお声が けが支えとなりました。そして、東洋館出版社の畑中潤様、小林真理菜様の「チームA」の推進力なくては成り立ちませんでした。イラストレーターの小林亜希子様には今回も素敵なイラストを描いていただきました。皆様に御礼申し上げます。

また、今回も、仕事が終わった後に原稿に向かう私を常に励まし、体調を気遣ってくれた妻、いつも応援してくれる娘に感謝の気持ちを届けたいと思います。

二〇一七年二月　安次嶺隆幸

［著者略歴］
安次嶺隆幸（あじみね たかゆき）
1962年埼玉県所沢市生まれ。
明星大学人文学部心理・教育学科教育学専修卒。1984年東京・私立暁星小学校に着任、現在に至る。公益社団法人日本将棋連盟・学校教育アドバイザー、私学教育研究会（あいすの会）主宰、若手教育格言サークル「あったか会」代表、将棋ペンクラブ会員。フューチャー・ドリーム☆子どもサポート研究所や明日の教室が主催する「教師みらいプロジェクト　学級づくりパワーアップセミナー」等、全国各地で講演。
主な著書に、『低学年指導の極意！　一瞬で授業に引き込むプロの技』（学陽書房）、『将棋をやってる子供は、なぜ「伸びしろ」が大きいのか？』（講談社）、『私学の伝統　品格ある子どもを育てる格言集』『子どもが激変するメソッド』『世界一のクラスをつくる100の格言』『世界一の国語授業をつくる100の格言』『世界一の算数授業をつくる100の格言』（明治図書）『すべては挨拶から始まる！「礼儀」でまとめる学級づくり』『1年生のクラスをまとめる51のコツ』『将棋に学ぶ』（東洋館出版社）がある。
yukiaji@muc.biglobe.ne.jp

2年生のクラスをまとめる51のコツ

2017（平成29）年3月20日　初版第1刷発行

著　者　安次嶺隆幸
発行者　錦織圭之介
発行所　株式会社 東洋館出版社
〒113-0021　東京都文京区本駒込5-16-7
営業部　TEL 03-3823-9206／FAX 03-3823-9208
編集部　TEL 03-3823-9207／FAX 03-3823-9209
振　替　00180-7-96823
URL　http://www.toyokan.co.jp

装　丁　國枝達也
イラスト　小林亜希子
印刷・製本　藤原印刷株式会社

ISBN978-4-491-03324-2 ／ Printed in Japan